信号交叉口混合交通流秩序度研究

编写委员会

主任：于　泉

委员：周予婷　孙　瑶

编写组织单位

北京工业大学

信号交叉口混合交通流秩序度研究

于　泉　编著

北京交通大学出版社
·北京·

内容简介

混合交通流是很多发展中国家的一个典型的交通特征。目前，在我国非机动车、行人在交叉口交通流中所占的比重相对较大，在信号交叉口处，大量的行人、非机动车、机动车形成了混合交通流，各交通组成成分相互干扰、相互冲突，对交通秩序产生了极大影响，从而影响了信号交叉口的通行效率和安全水平。信号交叉口的交通秩序对于人们的出行质量有重要的影响。因此，合理的信号交叉口规划和管理就成为关键因素。

本书可供智能交通、交通控制等方向的研究人员使用，也可供从事交通管理、企业研发等相关工作的从业人员参考借鉴。

图书在版编目（CIP）数据

信号交叉口混合交通流秩序度研究 / 于泉编著. —北京：北京交通大学出版社，2019.9
ISBN 978-7-5121-4058-5

Ⅰ. ① 信… Ⅱ. ① 于… Ⅲ. ① 城市交通–交叉路口–混合交通–交通流–研究 Ⅳ. ① U491.2

中国版本图书馆 CIP 数据核字（2019）第 204917 号

信号交叉口混合交通流秩序度研究
XINHAO JIAOCHAKOU HUNHE JIAOTONGLIU ZHIXUDU YANJIU

责任编辑：韩素华
出版发行：北京交通大学出版社　　电话：010-51686414　　http://www.bjtup.com.cn
地　　址：北京市海淀区高梁桥斜街 44 号　　邮编：100044
印 刷 者：艺堂印刷（天津）有限公司
经　　销：全国新华书店
开　　本：185 mm×260 mm　　印张：8.75　　字数：134 千字
版　　次：2019 年 9 月第 1 版　　2019 年 9 月第 1 次印刷
书　　号：ISBN 978-7-5121-4058-5/U・394
印　　数：1～1 000 册　　定价：39.00 元

本书如有质量问题，请向北京交通大学出版社质监组反映。对您的意见和批评，我们表示欢迎和感谢。
投诉电话：010-51686043，51686008；传真：010-62225406；E-mail：press@bjtu.edu.cn。

前　言

新世纪以来，随着经济快速发展及人们生活水平的提高，拥有私家车的家庭数量逐年增加，机动车数量直线上升，城市道路中的车流量持续增加，城市交通快速发展，随之而来的交通拥堵和交通安全的问题日益严重。据统计资料显示，2000 年美国全年发生的 640 万起交通事故中，约 40%发生在道路交叉路口，导致 950 人死亡，90 000 人受伤。在我国，约 30%的交通事故发生在平面交叉口。

混合交通流是很多发展中国家的一个典型的交通特征。目前，在我国非机动车、行人在交叉口交通流中所占的比重相对较大，在信号交叉口处，大量的行人、非机动车、机动车形成了混合交通流，各交通组成成分相互干扰、相互冲突，对交通秩序产生了极大影响，从而影响了信号交叉口的通行效率和安全水平。此外，近年来电动自行车兴起，电动自行车有相较于自行车更高的速度，以及相较于汽车更高的灵活性，给信号交叉口的通行效率和交通安全带来了一定的负面影响。

交通秩序，即道路交通井井有条的状况，可以很好地描述交通参与者在交通行为中遵从合理运动状态的程度。在信号交叉口处，良好的交通秩序有助于提高交叉口的运行效率和安全水平。信号交叉口的混合交通流的秩序对于人们的出行质量有重要的影响，因此，混合交通流及其秩序的相关研究对于解决我国城市交通问题具有重要意义，传统的评价模型主要针对安全、延误等指标，对于信号交叉口混合交通流秩序的有效评价方法相对较少。

本书以北京市自然科学基金为依托，以信号交叉口混合交通流冲突为切入点，对混合交通流冲突中若干关键问题进行探索与研究。第 1 章对信号交叉口的基本概念、类型、管控方法进行了介绍，第 2 章介绍了信号交叉口交通信号控制的几种基本算法，第 3 章介绍了交通冲突的相关概念及交通冲突技术的发展现状和应用前景，第 4 章从交通流的基本概念切入，对信号交叉口混合交通流进行了介绍，并对不同交通流的主要特征进行了简介。第 5 章基于前文的分析，提出了信号交叉口混合交通流秩序度评价模型，并对模型进行了实际应用，以期更好地指导信号交叉口的设计、管理和优化。

本书由北京工业大学城市交通学院于泉教授编著。在本书的编写过程中，北京工业大学城市交通学院的研究生周予婷、孙瑶也参与了编写并协助完成统稿工作。

编　者

2019 年 7 月

目　　录

第 1 章

信号交叉口简介

1.1　交叉口的概念与分类

交叉口是两条或两条以上道路的交会处，是车辆、行人交通汇集、转向和疏散的必经之处。按相交道路的条数可分为三岔、四岔和多岔。按交叉的方式分平面交叉和立体交叉。为保证交通安全和通畅，交叉口常设有信号灯等交通控制设施和其他交通管理设施。正确地设计道路交叉口，合理地组织和管理交叉口交通，是提高通行能力和保障交通安全所必不可少的。一个交叉口被定义为两条或多条道路连接或交叉的区域。每条从交叉口延伸的道路被比作人的一条腿。两条路相交的交叉口有四个方向。有些交叉口超过四个方向，由于交通运转的低效性，这样的交叉口在设计中要尽量避免。

1.1.1　平面交叉口

平面交叉口的形式取决于道路系统规划、交通量、交通性质、交通组织，以及交叉口用地及其周围建筑的情况。平面交叉口的主要形式有“十”字形交叉，X 形交叉、Y 形交叉、T 形交叉、错位交叉和多路交叉（五条路或五条路以上的道路交叉口）等。图 1－1 所示为平面交叉口。

图 1－1　平面交叉口

1. “十”字形交叉

“十”字形交叉的相交道路互相垂直或近于垂直。这种路口形式简单，交通组织方便，街角建筑易处理，适用范围广，是最常见的交叉口形式。

2. X 形交叉

X 形交叉是相交道路交角小于 75°的四路交叉。当相交的锐角较小时，将形成菱形加长加宽的交通冲突带，一方面使车辆通过时间延长，另一方面使驾驶员视线不畅，对交通极为不利，而且锐角街口的建筑也难处理，所以设计时尽量使相交的锐角大一些。

3. Y 形交叉

Y 形交叉是相交道路交角小于 75°的三路交叉。X 形交叉与 Y 形交叉均为斜交路口，其交叉口夹角不宜过小，角度小于 45°时，视线受到限制，行车不安全，所以，一般夹角宜大于 60°，适用于入城道路。

4. T形交叉

T 形交叉的相交道路是在道路交叉处互相垂直或近于垂直的三路交叉。这种形式的交叉口视线良好，行车安全，也是常见的交叉口形式，如北京的T形交叉口约占30%，“十”字形交叉口约占70%。

5. 错位交叉

两条道路从相反方向终止于一条贯通道路而形成两个距离很近的T形交叉所组成的交叉即为错位交叉。由于其距离短，交织长度不足而使进出错位交叉口的车辆不能顺利行驶，从而阻碍贯通道路上的直行交通。因此在规划与设计时，应尽量避免此类交叉。

6. 多路交叉

多路交叉是由五条或五条以上道路相交而成的交叉口，又称为复合型交叉。在城市路网规划中，应尽量避免或减少多路交叉，以免造成路网交通组织的复杂化。

图1-2所示为交叉口分类。

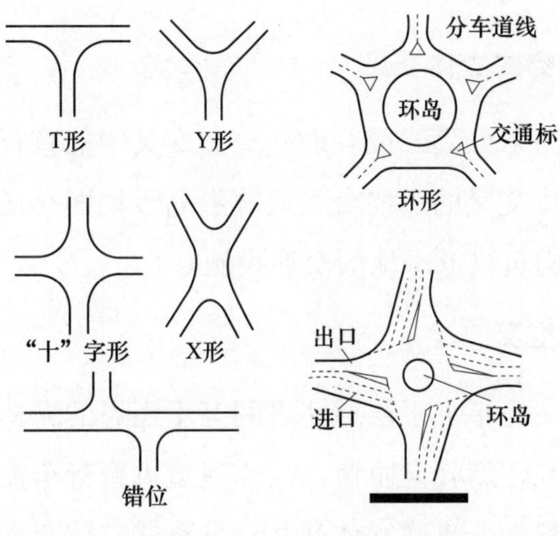

图1-2 交叉口分类

1.1.2 立体交叉口

立体交叉的形式很多，世界上已建成的共有 180 多种，其中最广泛应用的有 10 多种。立体交叉可分为分离式立体交叉和互通式立体交叉两大类。按跨越方式可分为上跨式立体交叉和下穿式立体交叉两种。图 1－3 所示为立体交叉口。

图 1－3 立体交叉口

1. 上跨式和下穿式立体交叉

上跨或下穿指用于分离式或互通式立体交叉中的直行交通对地面线的相对位置。上跨式立体交叉的主要交叉构筑物高于地面交通设施，而下穿式立体交叉的主要交叉构筑物低于地面交通设施。

2. 分离式立体交叉

分离式立体交叉是指上下层道路之间互不连通的立体交叉形式。在相交路线的交叉处，无须建造转向匝道，仅需建造供直行车流通过的立交桥或地道，这种立体交叉称为分离式立体交叉。分离式立体交叉一般适用于道路与铁路的立体交叉或高速公路与三、四级公路之间的立体交叉，即适用于道路等级、性质或交通量相差悬殊的交叉口。例如，在高速路与次要道路或支路相交时，采用分离式立体交叉可不受转弯交通的干扰，保证主要道路的交通快速通畅。在旧城区，由于路网密度大，交叉口的间距短，为了增大互通式立体交叉的间距，在以直行交通为主的交叉口，左转弯交通可绕其他道路绕行时，常兴建这种形式的立交桥。如上海大西路立交桥，广州的洪德路、同福路立交桥，均属此类型。

3. 互通式立体交叉

上下层之间用匝道或其他方式连接的立体交叉称为互通式立体交叉。互通式立体交叉的设置取决于交通量、远景规划及其在道路网中的作用，并且需要结合地形、用地条件、投资量等因素。

1.1.3 立体交叉与平面交叉的对比分析

立体交叉（以下简称“立交”）以空间分隔车流的方式，虽能避免车流在交叉口形成冲突点，减少延误，保证交通安全，提高通行能力和运输效率，可解决因平面交叉而产生的问题，但却不能完全替代平面交叉。首先，立交工程浩大，修建费用高，占地面积广，修建工期长；其次，由于相交道路的性质、占地、工程投资等限制，还不可能全部修筑完全互通式立交，有时还需建造部分互通式立交，此类立交保留了部分平面立交，平面交叉问题依然存在；最后，在城市内修建立交，还会带来分割城区、影响街区日照条件、干扰电波、妨碍视线、破坏景观、给行人带来不便等问题。因此，平面交叉口仍是我国交叉口的主要形式。

1.1.4 交通问题

交叉口是城市道路网的咽喉，是交通堵塞和事故的多发地。如日本大城市中的机动车在市中心的行程时间约 1/3 发生在交叉口，交通事故的 60%以上发生在平面交叉口及其周围。美国交通事故约一半以上发生在交叉口。我国交叉口的交通问题更为严重，首先，我国许多城市路网密度较低，干道间距过大，支路短缺，功能混乱，属于低级的交通系统，难以适应现代汽车交通的需要；其次，许多城市路口由于道路占地有限，面积较小，且存在大量的非机动车流和人流，导致机动车、非机动车、行人常常交织在一起，形成混合交通流，严重影响了交叉口的通行能力。因此，解决城市交叉口的交通拥堵及安全问题是解决城市交通拥堵问题的重要环节。同样，解决城市交叉口的交通拥堵及安全问题关键在于如何合理地进行交通组织。

1.1.5 交通组织优化

交通组织优化是指在有限的道路空间上，科学合理地分时、分路、分车种、分流向使用道路，使道路交通始终处于有序、高效的运行状态。对于交叉口的交通组织优化的基本要求是尽量扩宽路口，增加进口导向车道和出口车道，使之与路段行车道的通行能力相匹配，尽量在车道渠化上做到寸土必争，在信号配时上做到分秒必争，不让路口出现空闲面积和空闲时间，尽量简化标线和信号，使之能明确地突出空间路权和时间路权，尽量地完善标志信息，使驾驶员有充分的反应时间。

1.1.6 交通组织优化原则

在进行交通组织优化时必须考虑以下原则：① 交通分离原则，在交叉口内将不同类型、不同方向、不同速度的车辆，以及行人与车辆，在时间或空间上进行分离。如标线渠化的作用是明确不同交通流的空间路权，而信号相位的作用是明确不同交通流的时间路权。② 交通量控制与调节原则，在交叉口对不同交通性质的车辆进行引导、限制。如交叉口禁左、限速、设置专用道等。

1.2 交叉口设计

1.2.1 交叉口设计的主要内容

交叉口设计主要包括以下几项。

（1）正确选择交叉口的形式，确定各组成部分的几何尺寸。

（2）进行交通组织，合理布置各种交通设施。

（3）验算交叉口行车视距，保证安全通视条件。

（4）交叉口立面设计，布置雨水口和排水管道。

进出平面交叉口的车辆可能产生的交错点包括以下几个。

（1）分流点，同一行驶方向的车辆向不同方向分离行驶的地点。

（2）合流点，来自不同行驶方向的车辆以较小的角度，向同一方向汇合行驶的地点。

（3）冲突点，来自不同行驶方向的车辆以较大的角度相互交叉的地点。

减少或消灭冲突点的方法包括以下几项。

（1）实行交通管制。在交叉口设置交通信号灯或由交通警察指挥，使发生冲突的车流从通行时间上错开。

（2）采用渠化交通。在交叉口内合理布置交通岛、交通标志和标线或增设车道等，引导各方向车流沿一定路径行驶，减少车辆之间的相互干扰，如环形平面交叉可消灭冲突点。

（3）修建立体交叉。将相互冲突的车流从通行空间上分开，使其互不干扰。

1.2.2 交叉口的设计速度

（1）交叉口范围直行交通。设计速度原则上应与路段设计速度相同。两相交公路的等级或交通量相近时，平面交叉范围内的设计速度可适当降低，但不得低于路段设计速度的 70%。

（2）转弯交通。设计速度因分、合流及用地等影响，通常应适当降低，或者按变速行驶需要而定。右转弯车道设计速度不宜大于 40 km/h；左转弯车道设计速度不宜大于 20 km/h。

1.2.3 交叉口的交通组织设计

1. 车辆交通组织方法

（1）设置专用车道。组织不同行驶方向的车辆在各自的车道上分道行驶，互不干扰，根据行车道宽度和左、直、右行车辆的交通量大小可作出多种组合的车道划分。

（2）左转弯车辆的交通组织。设置专用左转车道；实行交通管制；变左转为右转。

（3）组织渠化交通。在车道上画线，或者用绿带和交通岛来分隔车流，使各种不同类型和不同速度的车辆能像渠道内的水流那样，沿规定的方向互不干扰地行驶。

2. 行人及非机动车交通组织

（1）行人交通组织。行人交通组织的主要任务是组织行人在人行道上行走，在人行横道线内安全过街，使人、车分离，干扰最小。

（2）非机动车交通组织。在交叉路口，非机动车道通常布置在机动车道和人行道之间；在交叉口内，一般车流量下非机动车随机动车按交通规则在右侧行驶，不设分离设施；车流量较大时，可采用分隔带（或墩）将机动车与非机动车分离行驶，减少相互干扰；当车流量很大，机、非之间干扰严重时，可考虑采用立体非机动车交通组织，并与人行天桥或地道一起考虑。

1.3 交叉口的车道数和通行能力

1.3.1 交叉口的车道数

交叉口各相交道路的车道数，应根据交通控制方法、交通量、车道的通行能力及交叉处用地条件等决定。在城市道路上还应考虑大量非机动车交通存在的需要。

从渠化交通考虑，交叉口最好按车种和方向分别设置专用车道，以使左、直、右行机动车和非机动车能在各自的专用车道上排列停候或行驶，避免相互干扰，提高通行能力。

但在交通量较小的道路上设置过多的车道是不经济的，可考虑车道混合行驶。

一般情况下，交叉口的车道数宜比路段上多设一条。

1.3.2 交叉口的通行能力

道路通行能力是在一定的道路和交通条件下，道路上某一路段适应车流的能力，以单位时间内通过的最大车辆数表示。单位时间通常以小时计（辆/h）。

道路通行能力计算方法分车头时距法和车头间距法。

车头时距。指连续两车通过车道或道路上同一地点的时间间隔。

车头时距法是以车头时距计算一条车道的通行能力。$C=3\,600/t$（C单位为辆/h，t 单位为 s)；

车头间距。是指交通流中连续两车之间的距离。

车头间距法是以车头间距计算一条车道的通行能力。$C=1\,000\ V/l$（V 单位为 m/s，l 单位为 m）。

1.4 信号交叉口

1.4.1 交通信号控制

现将交通信号控制的基本概念介绍如下。

1. 信号相位

在一个信号周期内，一股或几股车流在任何时刻都获得完全相同的信号灯色显示，那么就把它们获得不同灯色的连续时序称作一个信号相位。

2. 信号阶段

交叉口的通行权轮流分配给各个相位，“通行权”的每一次转换就成为一个信号阶段，一个信号周期通行权交接几次，就有几个信号阶段。

3. 周期长度

周期长度是指所有交通信号相位显示一周所需的时间之和，是路口定时交通信号控制的重要参数。其长短取决于路口的交通状况，过长会影响通过路口车辆的平均延误；过短则车辆启动和减速停车延误时间占周期时间的比例高，也会增加交通延误。

4. 周期

周期是指信号灯各个灯色显示的一个完整的时序过程。

5. 损失时间

由于信号相位变换不可避免地会造成时间损失，也即这段时间内任何车辆都不能通行，因此，称这段时间为损失时间。

6. 有效绿灯时间

在实际显示的绿灯时间内必然有一点损失时间，而实际用于车辆通行的那段时间就是有效绿灯时间。

7. 绿信比

绿信比是一个相位的有效绿灯时长与周期时长之比。

8. 绿灯间隔时间

绿灯间隔时间是指相互冲突的一股交通流的绿灯结束时刻和下一股交通流的绿灯开始时刻之间的时间间隔。包括黄灯时间和红灯清空时间。

9. 黄灯时间

黄灯时间是警示驾驶员注意前方即将发生的路权变化时黄灯的持续时间，其值包括两部分：驾驶员的感知反应时间和安全停车或通过交叉口的时间。

10. 红灯清空时间

红灯清空时间是指发生在一个相位的黄灯结束之后和下一个相位绿灯时间启动之间的时间间隔，也称为全红时间。全红时间用来清空在黄灯时间内进入交叉口的车辆，以便不影响下一相位的放行。

11. 呼叫请求

呼叫请求指交通量通过检测器传送给控制器单元的路权分配请求。

12. 延时

延时是以一个固定的数值来增加检测器感应时间的一个检测器参数。

13. 间隙递减

间隙递减是指感应控制模式中每个相位的绿灯可延长时间结束前，单位延长时间间隙逐渐缩小的特征。起初，感应中的间隙为单位绿灯延长时间，然后在一段延长时间之后，通过间隙逐渐递减作用的特定时间，间隙减小到最小间隙。这个过程主要包括三个参数，即递减之前的时间、递减的时间和最小间隙。

14. 持续时间

持续时间是指信号周期中所用灯色保持不变的时间长度，不同的持续时间类型，其时间长度不同。感应控制中与持续时间相关的常用参数包括最短绿灯时间，最长绿灯时间、黄灯变化时间、红灯清空时间、行人绿灯时间和行人绿闪时间。

15. 延续输出

延续输出是指车辆离开检测区时，检测器仍认为车辆没有离开而继续输出一个设定的单位绿灯延长时间的状态。

16. 延迟输出

延迟输出是指车辆到达检测区时，检测器仍认为车辆没有到达而滞后输出一个设定的单位绿灯延长时间的状态。

17. 叠加相位

叠加相位，就是在某相位结束前提前启动另一个相位的一股或多股车流（或者说在某相位开始前提前结束其前期相位的一股或多股车流）。换言之，两个相位之间存在部分重叠。或者说，在信号周期中增加了一种特别的“小相位”。正是这种“小相位”的存在，使得总流量比得以降低，通行能力得以增加。十字交叉口至少存在 3 个相位，某进口道两个流向同为重交通流方向，且两股交通流不存在冲突，才能设置叠加相位。

1.4.2 交通信号控制类型简述

1. 定时控制

定时控制是依据交通量历史数据进行配时，交通信号按照配时方案运行，一天只按一个配时方案的配时方法。定时控制是单个交叉路口最基本的控制方法。

定时控制适用于交通流量变化模式基本固定，并可以预测的情况，其因信号启动时间可取得一致而有利于同相交通信号协调。它的优点在于便于执行，对控制系统的硬件要求较为简单。由于路网上各个交叉路口的信号配时参数都是预先确定的，因此不必在执行中根据实时交通状况作任何调整，也不需要采集实时交通数据和反馈，使得各种费用较低。

定时控制中的配时方案都是根据历史性交通资料，事先经过脱机计算建立起来的。然而，路网上交通状况如车流量的分布、流量大小及流向，不可能长期维持某一固定的模式。一旦变化，则原分配方案就不再适合变化了的交通状况。因此，固定配时系统的应用受到一定程度的局限，它只适用于交通状况变化不十分急剧的交叉口。其次，控制对策的灵活性较差，固定配时方案一经建立并付诸执行，就不会自动调整和更改。因此，路网可能发生的一些意外事件，往往会导致严重的交通阻塞，甚至于瘫痪。最后，缺少实时交通信息反馈，除非设置专门用于采集交通数据的检测器，固定配时控制系统没有任何关于路网上实时交通状况信息的反馈，这就限制了它的灵活性。

2. 模糊控制

城市交通系统是一种非线性的、时变的大系统。传统的控制方法都要首先建立交通流的数学模型，在此基础上推导出某种控制算法。由于城市交通系统的复杂性和随机性，建立的数学模型一般难以准确地描述城市交通的实际状况，而且算法复杂，在线估算量大，控制实时性差，控制精度也不高。因此，近年来国内外专家学者致力于开发新的交通信号灯的控制方法，模糊控制是新的研究方向之一。

1.4.3 相位、相序设计与信号配时

无论采用哪种控制方法，都需要先了解交叉路口的几何状况、交通流状况，然后制订相应的相位、相序方案及配时方案，只有选择合适的相位和配时方案，才能使交叉口的运行效果达到最优。交叉口相位方案和配时设计是信号控制方案设计的两个方面，属于定性和定量的关系。

相位方案设计是信号设计的第一步，它直接影响交叉口交通流的安全性，以及交叉口的延误、通行能力等各项运行效益。美国道路通行能力手册 HCM 早已提出："信号设计中最为关键的问题是选择一个适当的信号相位方案。"

配时设计是在相位方案设计的基础上进行的，根据进口车道配置、交通流情况来求解最优配时方案，最终达到提高交叉口实际通行能力、减少车辆通过交叉口的延误的目的。只有在充分研究和采用最佳相位方案的前提下，利用配时参数优化模型，才能得到真正的最优控制方案，即最优解。否则，选用不适当的相位方案，再先进的配时模型也只能得到伪最优解。

1. 相位设计

相位方案是相位的组合方式，有必要从多个组合中选出最佳的相位方案。一般来说，交叉口形状越复杂，相位方案也越复杂。

相位选择可分为相位初选和相位调整两步。相位初选时，只能运用经验判断，通过画出交通流线，合并部分交通流来缩小可选范围，初步确定相位相序，并作为信号配时的基础。当信号配时完成后，将会对各参数进行试算评价，对相位进行必要的修正和调整，并重新评估，直至满足设计要求，形

成最终方案。确定信号相位时需要考虑以下几点。

（1）交通安全。交叉路口交通流之间的冲突是造成交通事故的一个重要原因，一般来说增加相位数，减少同一相位中冲突方向交通流的数量，可以提高安全性。

（2）交通效率。交叉口相位设计要提高交叉口的时间和空间资源的利用率。

过多的相位数会导致相位交替次数增加，也即损失时间的增加，从而降低交叉口通行能力和交通效率。反之，太少的相位也会使交叉口因混乱而降低效率。

（3）交通状况。交通状况包括机动车交通量、左右转率、车道饱和率、大型车混入率、非机动车流量流向、行人数等。

（4）交叉口几何条件。交叉口的限制条件包括：交叉口的类型、进口道车道数、交叉口扩展车道的展宽长度、行人和自行车过街的组织形式。这些因素影响机动车左转专用相位的设置、车辆排队长度等。

（5）协调控制的要求。为了保证协调控制效果，相同子区内的信号要具有一致性，各交叉口的相位相序需相互匹配，否则不利于驾驶员适应。

（6）相序安排。信号相位设计不但要考虑相位组合，还要考虑相位的衔接问题。通常需要考虑以下几点。

① 对同一个交通流设置两个以上信号阶段时，在时间上应尽可能保证连续性，对于行人信号可不局限于此原则。

② 对同一进口道车流中不同流向交通流在不同信号相位放行时，尽可能保证它们所在信号相位的连续显示。

③ 一方向含直行车流的相位与另一方向含直行车流的相位不宜连接。

④ 一方向含左转车流的相位与另一方向含左转车流的相位不宜连接。

⑤ 两方向相位相序设计应尽量对称，便于驾驶员理解。

⑥ 对于直行与左转机动车，应考虑左转车道可停放的车辆数。若到达的

左转车辆超出该车道可停放的左转车辆数时，需先放行左转车。反之，则先放行直行车。在一般路口和有左转待候区的路口多是先放直行车，后放左转车。

⑦ 有特殊方案相位，其前后应尽可能衔接与特殊方案相容的基本方案。

2. 左转相位设计

左转机动车是交叉口信号控制的难点，也是信号控制的重要设计对象。主要包括左转机动车的许可型左转相位、保护型左转相位、保护许可型左转相位、单进口放行相位及禁止左转等通行方式。左转相位设计包括以下几种类型。

1）许可型左转相位

许可型左转相位要求驾驶员在车辆左转时，给相冲突的行人和车辆交通流让行，在这种模式下，左转流向与同相直行流向同时放行。如图 1–4 所示。左转和对向直行流向都用一个绿色圆形信号控制。因此，在这种控制模式下，不需要单独的绿色箭头表示。

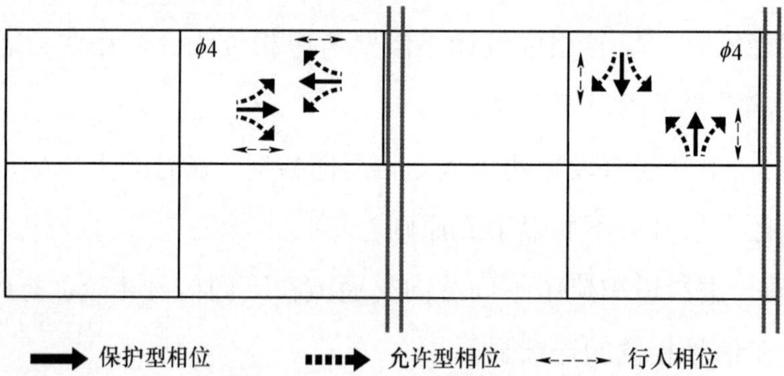

图 1–4　许可型左转相位的控制环与隔离线示意图

2）保护型左转相位

保护型左转相位为左转机动车提供通行权，并且只允许机动车在左转绿色箭头显示时通过。这种控制模式为左转流向提供了有效的服务，但所加的左转相位会增加信号周期的损失时间，同时也增加其他流向的延误。如图 1-5 所示，此交叉口具有专用左转车道，同时配备了专用的左转相位。该左转相位由绿色箭头表示，这种控制模式被认为是最安全的控制模式。

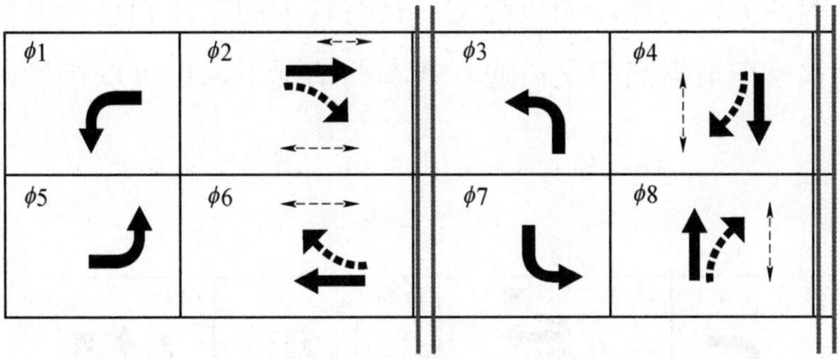

图 1-5　保护型左转相位的控制环与隔离线示意图

3）保护许可型左转相位

保护许可型左转相位是保护型左转相位和许可型左转相位相组合的方式。左转机动车在保护型左转相位时具有通行权。当通向直行流向得到绿色圆形信号时，左转机动车也允许通行，如图 1-6 所示，这个模式通常不会增加其他流向的延误，并且也可以提高左转效率，这种模式通常适用于交叉口中具有较大左转交通量的情况。

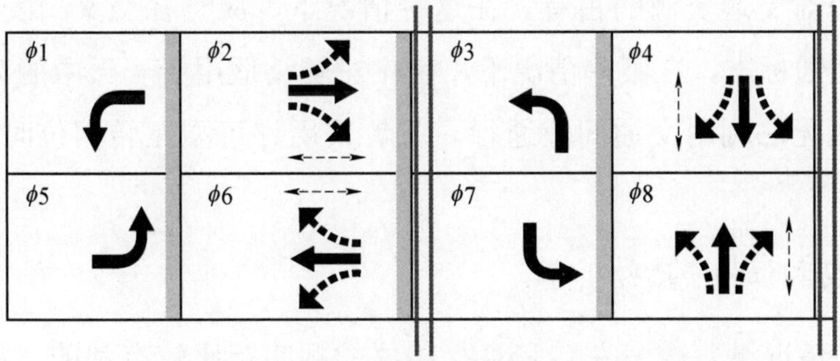

图 1-6　保护许可型左转相位的控制环与隔离线示意图

4）单进口放行相位

单进口放行相位是指轮流对进口道的所有流向分配通行权的一种方式，如图 1－7 所示。当交叉口局部冲突的机动车较多或道路交叉口几何形式对左转机动车具有较大影响时，可以采用这种放行模式。单进口放行模式避免了对向左转车的冲突，同样，如果交叉口具有较大的左转和直行流量，在选用左转和直行共享车道提高交叉口通行效率的情况下，也可以选择单进口放行相位。

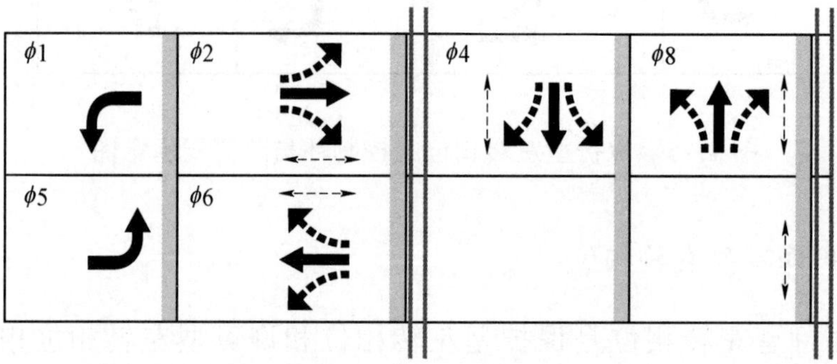

图 1－7　单进口放行相位的控制环与隔离线示意图

这种控制方式的效率低于其他左转相位的类型，通常会增加交叉口的周期长度，或者如果当周期长度是固定的时，会减少交叉口的可利用时间。

为了保持交叉口的机动性，在某些情况下可以采用禁止左转的做法，同时可以减少对交通资源的占有。在这种情况下，应当在交叉口安装“禁止左转”的交通标志。在某些情况下，禁止左转只适用于一天中的某些时段，例如，车辆无法利用交通间隙通行，或者采用许可型左转相位时可能会导致事故。

5）左转相位相序选择

在某些情况下，改变左转和直行相位的顺序是比较有利的，如图 1－8 中的相位 1 和相位 2，在这个例子中，相位 1 是滞后于相位 2 的。具体来说，相位2和相位6在一个周期内开始、结束的时间都不相同。在协调控制中，为了适应不同时间内每个方向到达的车辆队列，可以采用这种独立的直行相位。

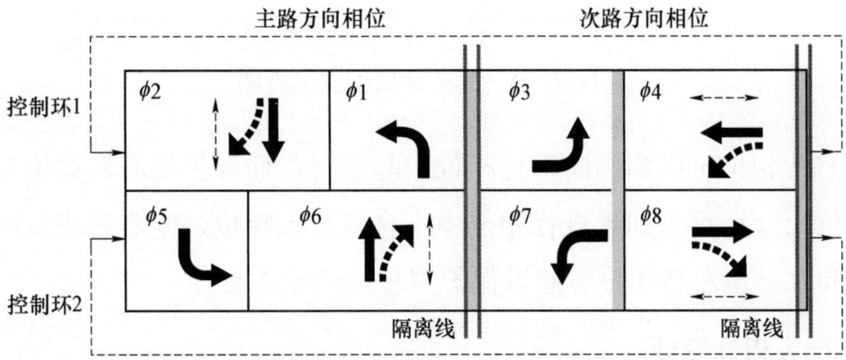

图1-8 保护型左转提前/滞后相位的控制环与隔离线示意图

3. 右转相位设计

介绍两种类型的右转相位，第一种类型是在一个信号周期之外额外增加一个相位，这种相位专门服务于一个或多个右转流向。这种控制模式很少会被用到，但如果考虑运用这种相位，那么应当先对其运行或安全利益进行评估。

第二种类型是把右转流向和左转流向一起放行，当满足下列条件时，应采用这种类型的相位。

（1）交叉口有一条或多条右转专用车道。

（2）右转流量较高，且右转流向为交叉口中的关键流向。

（3）在交叉口中有互补型的保护型左转相位。

（4）互补型左转相位中禁止左转掉头。

当上述条件得到满足时，可以采用适当的右转相位。如果在直行相位中增加了行人相位，则右转相位可以采用保护许可模式运行，如图1-9所示，

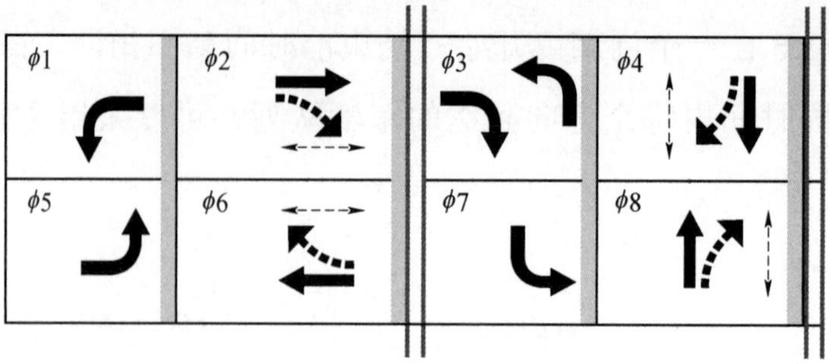

图 1－9　右转叠加相位示意图

许可型右转相位可以和同向直行相位一起运行，而保护型右转相位与互补型左转相位一起运行。如果直行相位中不含有行人相位，则右转相位同双向直行相位和互补型左转相位一起以保护型相位的模式运行。

4. 行人相位设计

在一个交叉口中，行人相位通常与同向的直行相位一起运行，当在许可型左转相位的模式下，采用行人相位会导致行人与左转和右转机动车的冲突。可以用一些具体的措施来减少这种潜在的冲突，有以下 3 种模式（见图 1－10）。

1）提前行人相位

提前行人相位是指一种提前于同向直行机动车相位放行的模式，这样可以减少行人与转向机动车的冲突，这种模式适用于具有大量的行人和机动车冲突的交叉口，并且可以增加行人在交叉口的可见度，保障行人的安全。

2）滞后行人相位

滞后行人相位与提前行人相位类似，只是在直行机动车相位滞后几秒放行。这种模式需要行人等待右转车辆的清空，从而降低行人与右转车辆的冲突。该模式适用于较高的右转交通量、专用右转车道或两个单向街道相交的交叉口。

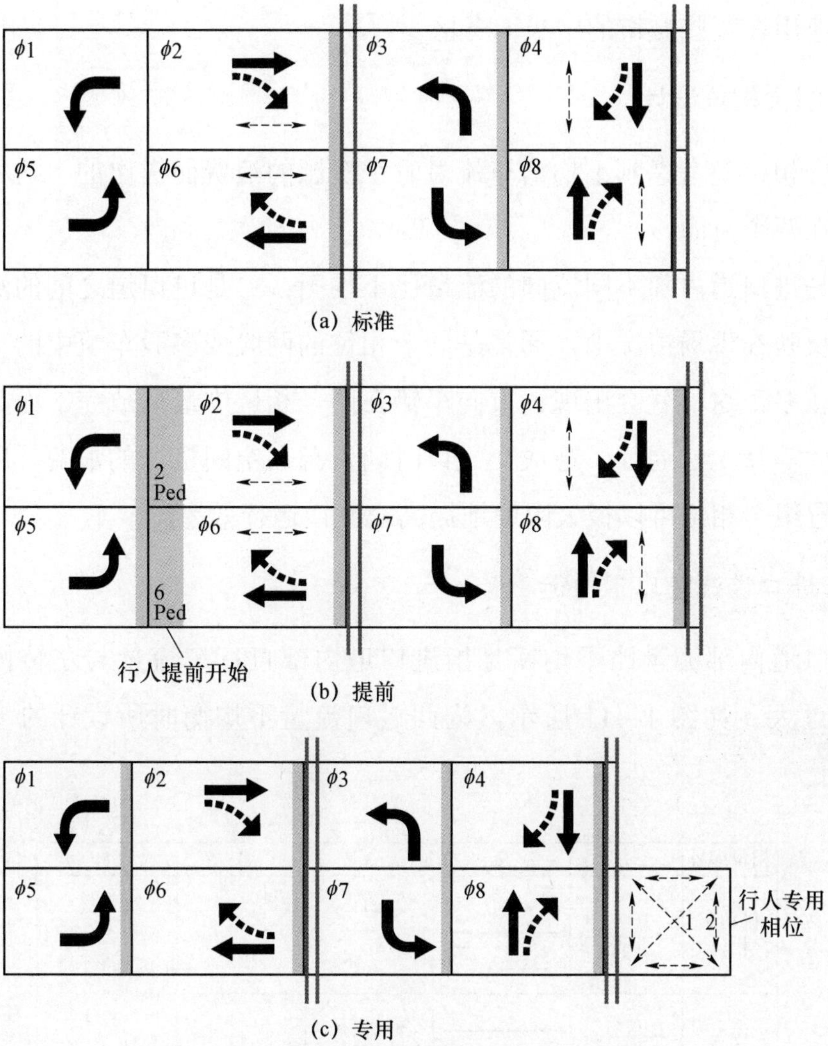

图1-10　行人相位的控制环与隔离线示意图

3）专用行人相位

专用行人相位是指专为行人通行所设置的相位，在这个相位中，只有各个方向的行人可以通行，其他车辆不允许放行，同时行人可以从交叉口的任意方向穿过交叉口，到达其他方向，甚至允许行人以对角线方式通过交叉口。这种类型的相位可以减少右转车辆和行人之间的冲突，但是同时也减少了车辆的通行能力并增加了周期长度。这种独特的行人专用相位不会被经常使用，但可以应用在某些城市的中央商务区。

5. 组合相位设计

组合相位是考虑到不均衡车流对时空资源的浪费而提出的。这种不对称性体现在两个方面。

一是进口道内部不同流向的流量比不均衡；二是进口道之间的流量比不均衡。反映在现场情况上，通常是同一相位的两股或多股车流中的一个方向的流量较多，这样就会出现该方向车辆在同一相位中最后放完，而其他方向车流为此等待无法通行，造成交叉口时间资源和空间资源的浪费。所以，合理地设置组合相位可以极大限度地提高交叉口运行效率。

1）进口道流量比不均衡

进口道内部流量比不均衡是指进口道内部直行车流量与左转机动车流量相差过大，如图 1－11 所示，为西进口流量不均衡时所设计的一种组合相位。

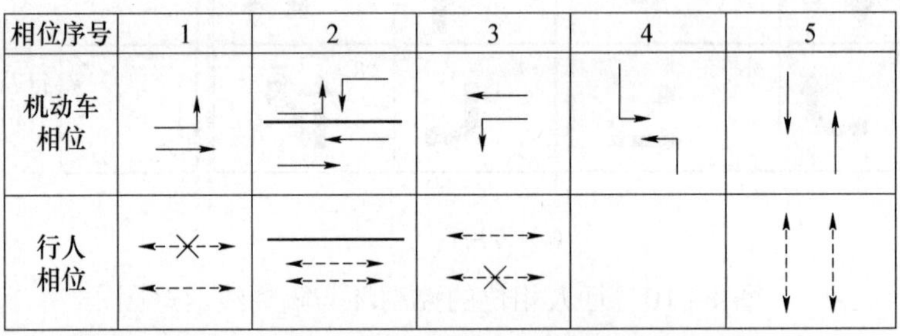

图 1－11　进口道内部流量比不均衡组合相位

2）进口道之间流量不均衡

进口道之间流量不均衡是指不同进口道之间的车流流量比相差过大，如图 1－12 所示为东进口与西进口之间流量不均衡时所设计的一种组合相位。

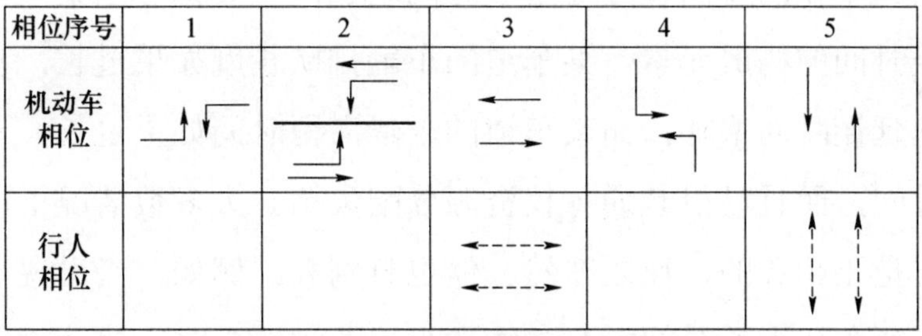

图 1－12 进口道之间流量比不均衡组合相位

1.4.4 交叉路口常用性能指标及计算方法

一般来说，信号交叉口的控制效果是由延误、停车次数、通行能力和饱和度 4 个基本参数来衡量的。这些参数不仅反映车辆通过交叉口时的动态特性，同时它们也作为交叉口信号配时参数优化的依据，用于建立优化模型和目标函数。也就是说，信号配时参数优化的目标就是在一定的道路条件下，对配时参数选择合适的值，让通行能力稍高于交通需求，并且使得通过交叉口的全部车辆总延误时间最短或停车次数最少。

当然，除了上述 4 项基本评价指标以外，还有一些其他评价指标，例如，车辆运营费用（包括燃油消耗、轮胎和机械磨损）、废气排放量、噪声污染、运营成本（计入乘客旅程时间折合的经济价值等）及安全舒适程度的差异等。但这些都是由上述 4 项基本评价指标派生出来的次级参数，即以延误时间和停车次数为自变量的函数，常称作“辅助参数”。

1. 车辆延误

延误是由于交通干扰、交通管理和控制设施等因素引起的车辆运行时间损失。由于延误能反映司机不舒适、受阻的程度及油耗和行驶时间损失，所以是最常用的评价信号交叉口运行状况的指标。车辆平均延误是评价交叉口服务水平的最重要的指标，因此，本书选择它作为比较各种信号灯控制方法优劣的依据。车辆的排队长度是延误时间增加的主要诱导因素，车辆滞留时间又是延误时间的构成元素。某车道的车辆排队长度如果过长，易引起车辆堵塞和平均延误时间增加；而某车道的车辆滞留时间如果过长，不仅增加了平均延误时间，而且易引起通行权资源分配失衡。大多数情况下，排队长度与滞留时间是正相关的，反之亦然。但也有例外，例如，当出现很短时间内连续到来多辆车和很长时间没有车辆到来这两种情况时，排队长度与滞留时间就不具备正相关关系，排队最长的车道，平均滞留时间不一定也最长，反之亦然。可见，两者是相互关联，互为补充，不可相互替代的，它们是影响交叉口通行能力的两个关键因素。

2. 停车率

停车率指每个周期停驶的车辆数占整个周期所到达车辆数的比例，它是一项信号交叉口评价的综合指标之一，停车率的大小不仅反映了交叉口的服务水平，同时从车辆耗油、环境及出行费用等几方面反映了信号控制的合理性。

3. 通行能力

信号交叉路口的通行能力是针对每一引道规定的，它是在现行的交通、车道和信号设计条件下，交叉口某一引道所能通过的最大流量。其单位为辆/h。

4. 饱和流量

在通常的道路、交通条件下，在整个小时都是绿灯的条件下，连续通过交叉口指定引道的最大流量。所以，可见影响信号交叉口的通行能力的主要因素有三个，具体如下。

（1）车行道条件，即交叉口的几何条件。包括车道类型、车道数、交叉几何形状。

（2）信号设计条件。即信号灯配时的各个参数及相序、相位设计。

（3）交通流条件。每条引道的交通量、流向、流向内车型的分布。

美国 HCM 给出的饱和流量（率）计算公式为：

$$S=S_0\times N\times f_{\mathrm{w}}\times f_{\mathrm{HV}}\times f_{\mathrm{g}}\times f_{\mathrm{p}}\times f_{\mathrm{bb}}\times f_{\mathrm{a}}\times f_{\mathrm{RT}}\times f_{\mathrm{LT}}$$

式中：S——在通常条件下，车道组的饱和流量；

S_0——每车道理想条件下的饱和流量，一般取绿灯时 1 800 辆/h；

N——每车道组的车道数；

f_{w}——车道宽度校正系数；

f_{HV}——交通流中重型车辆校正系数；

f_{g}——引道坡度校正系数；

f_{p}——临近车道停车情况及该车道停车次数校正系数；

f_{bb}——公共汽车停在交叉口范围内阻塞影响作用校正系数；

f_{a}——地区类型校正系数；

f_{RT}——车道组中右转车校正系数；

f_{LT}——车道组中左转车校正系数。

通行能力是以饱和流量为基础进行分析的。交叉口的总通行能力是通过各进口车道组（引道）的通行能力之和。每一车道组的通行能力根据其车道功能不同按下式计算：

$$C_i=S_i\times\lambda_i$$

$$\lambda_i=\left(\frac{g}{T_0}\right)_i$$

式中：C_i——车道组的通行能力；

S_i——车道组 i 的饱和流量（辆/h）；

λ_i——绿信比。

5. 饱和度

饱和度是针对每一车道（车道组）而言的。计算公式如下：

$$X_i=(V/C)_i=V_i/[S_i(gT_C)_i]=(V_iS_i)/\lambda_i$$

式中：X_i——第 i 个车道组的饱和度；

V_i——第 i 个车道组的交通流量。

相位饱和度是指该相位上各个车道组的饱和度之和。交叉口的饱和度是饱和程度最高的相位所达到的饱和度值，而并非各相位饱和度之和，用 X 表示。从理论上说，交叉口饱和度只要小于 1 就应该满足各方向车流的通行要求。然而，实践表明，当交叉口的饱和度接近于 1 时，交叉口的实际通行条件将迅速恶化，更不必说等于或大于 1 了。因此，我们必须规定一个可以接受的最大饱和度限制，即饱和度的“实用限值”。研究结果表明，反映车辆通过一个交叉口时的一些特性参数，如车辆平均延误时间、平均停车次数及排队长度等，均与饱和度实用限值的大小有关。实践证明，饱和度实用限值定在 0.8～0.9，交叉口可以获得较好的运行条件。在特定条件下，例如，交通量很大，而交叉口周围的环境条件较差，为减少交叉口的投资，可以采用更高的实用限值——饱和度实用限值为 0.95。关键进口道到达交通量与通行能力之比，而交叉口饱和度是相位饱和度中的最大值。在设计时，交叉口各个相位的饱和度小于 1。

6. 平均排队长度

信号一个周期内各条车道排队的最长长度的平均值。各条车道最长排队长度一般是指该车道的绿灯相位起始时长度。

7. 通行权转移度

通行权转移度反映了不同方向的车流对绿灯需求的迫切程度。它依赖于各入口的交通情况，而车流在红灯信号和绿灯信号相位下，有不同的状态。在绿灯相位下，车辆可以自由通过停车线，在停车线检测器上可以检测出驶过停车线车辆的数量，上游检测器可以检测车辆的到达数，这些车辆经过若干秒后可能会到达停车线或通过停车线或排队等待；在红灯相位下，检测器可以检测车辆的到来情况和排队长度。因此，红灯相位和绿灯相位的通行权转移度就有不同的输入和推导规则。

第 2 章

交通信号控制基本算法

2.1 单点定周期信号配时算法

目前在我国常用的配时算法有美国的 HCM 法、英国的 TRRL 法（也称 Webster 法）、澳大利亚的 ARRB 法（也称阿克赛利克方法）、中国《城市道路设计规范》推荐方法、停车线法、冲突点法共六种方法。本次设计运用的是比较经典的英国的 TRRL 法，即将韦伯斯特–柯布理论在信号配时方面的使用。对单个交叉口的交通控制也称为“点控制”。

2.1.1 TRRL 法

本节中使用 TRRL 法对各个交叉口的信号灯配时进行优化即是点控制中的主要内容。在对一个交叉口的信号灯配时进行优化时，主要是根据调查所得的交通流量先确定该点的相位数和周期时长，然后确定各个相位的绿灯时间即绿信比。

柯布（B. M. Cobbe）和韦伯斯特（F. V. Webster）在 1950 年提出 TRRL 法。该配时方法的核心思想是以车辆通过交叉口的延误时间最短作为优化目标，根据现实条件下的各种限制条件进行修正，从而确定最佳的信号配时方案。

其公式计算过程如下。

1. 最短信号周期 C_m

交叉口的信号配时，应选用同一相位流量比中最大的进行计算，采用最短信号周期 C_m 时，要求在一个周期内到达交叉口的车辆恰好全部放完，即无停滞车辆，信号周期时间也无富余。因此，C_m 恰好等于一个周期内损失时间之和加上全部到达车辆以饱和流量通过交叉口所需的时间，即

$$C_m = L + \frac{v_1}{s_1}C_m + \frac{v_2}{s_2}C_m + \cdots + \frac{v_n}{s_n}C_m$$

式中：L——周期损失时间，s；

$\frac{v_i}{s_i}$——第 i 个相位的最大流量比。

令 $y_i = \frac{v_i}{s_i}$，则

$$C_m = \frac{L}{1 - \sum_{i=1}^{n} y_i} = \frac{L}{1 - Y}$$

式中：Y——全部相位的最大流量比之和。

2. 最佳信号周期 C_0

最佳信号周期 C_0 是指在信号控制交叉口上，能使通车效益指标最佳的交通信号周期时长。若以延误作为交通效益指标，使用以下的 Webster 定时信号交叉口延误公式：

$$d = \frac{C(1-\lambda)^2}{2(1-\lambda x)} + \frac{x^2}{2q(1-x)} - 0.65\left(\frac{C}{q^2}\right)^{\frac{1}{3}} x^{(2+5\lambda)}$$

式中：d——每辆车的平均延误；

C——周期长，s；

λ——绿信比。

则总延误时间为

$$D = qd$$

若使总延误最小，则

$$\frac{\mathrm{d}D}{\mathrm{d}C} = 0$$

用近似解法，可得定时信号（近似）最佳周期时长为

$$C_0 = \frac{1.5L + 5}{1 - Y}$$

其中，

$$L = \sum_{i=1}^{n}(l + I - A)$$

式中：L——每个周期的总损失时间，s；

l——起动损失时间，s；

A——黄灯时间，s；

I——绿灯间隔时间，s；

i——一个周期内的相位数。

周期时间的取值应当在一个合适的范围内。在周期时长数值较小时增大周期时长，可明显地提高通行能力，使更多的车辆通过。但当周期时长继续增长，超过 120 s 后，通行能力的提高速度变得缓慢，相反交叉口通行延误急速增长，所以单点信号灯的最大周期时长一般不超过 120 s。同时，周期时长也不宜过短，最短周期时长应考虑车辆能安全通过交叉口所需的最短时间和行人过街所需最短时间两个因素来确定。如果周期时长过短，行人和车辆的安全性能就无法得到保证，反而降低通行性能。故在计算时通常采用最佳周期时长而不是最短周期时长。

3. 有效绿灯时间与最佳绿信比

与信号周期的确定一样，在各相位之间，绿灯时间的分配也是以车辆延误最少为原则的。按照这个原则，绿信比应该与相位的交通流比率成正比，即

$$\frac{g_1}{g_2} \approx \frac{y_1}{y_2}$$

式中：g_1，g_2——第一和第二相位的有效绿灯时间；

y_1，y_2——第一和第二相位的流量比率。

上式可进一步引申，用于多相位的交叉口，即

$$\frac{g_i}{\sum_{i=1}^{n} g_i} = \frac{y_i}{\sum_{i=1}^{n} y_i} \text{或} \frac{g_i}{C_0 - L} = \frac{y_i}{Y}$$

可以求出每一相位的绿灯时间为

$$g_i = \frac{y_i}{Y}(C_0 - L)$$

2.1.2 ARRB 法

在 ARRB 法中，澳大利亚学者 R.Akcelik 引入了停车补偿系数，并将它与车辆延误时间结合在一起，考虑了交叉口停车线前的排队长度和停车率等指标，故可以认为 ARRB 法是对 TRRL 法的修正和补充。

假设在交叉口之间的路段上，信号配时对车辆自由行驶的整个过程没有任何影响。

当 x 越接近于 1 时，Webster 定时信号交叉口延误公式计算处的延误越不准确，而 ARRB 法考虑了超饱和交通情况，故可将原延误公式修改为

$$d = \frac{C(1-\lambda)^2}{2(1-y)} + N_0 x$$

式中：N_0——滞留车辆数。

ARRB 法将停车次数和延误时间结合在一起，作为评价配时方案的综合指标 P，即

$$P = D + kH$$

式中：P——运行指标；

D——延误，s；

k——停车补偿系数；

H——每小时完全停车数。

考虑停车因素和耗油因素。得到最佳周期时间，即

$$C_0 = \frac{(1.4+k)L+6}{1-Y}$$

式中：C_0——单定点周期交叉口的最佳信号周期近似值，s；

k——停车补偿系数；

L——交叉口总损失时间，s；

Y——交叉口关键相位流量比之和。

停车补偿系数 k 的参考值为：当要求油耗最低时，取 k 等于 0.4；

当要求运营消费最小时，取 $k=0.2$；

当要求车辆延误最小时，取 $k=0$。

计算有效绿灯时间和实际绿灯时间的方法和 TRRL 法相同。

ARRB 法缺陷有以下几项。

（1）在低饱和度的情况下比较有效，高饱和度情况下仍难以真正有效地解决交叉口的交通问题。

（2）同 TRRL 法一样容易造成交叉口利用率较低。

ARRB 法的适用条件如下。

（1）基本同 TRRL 法，是对 TRRL 法的补充和修正。

（2）适用于与前后交叉口相距较远的交叉口的配时和计算，因为 ARRB 法假设交叉口之间的路段信号配时对车辆行驶没有影响。

（3）与 TRRL 法相比，ARRB 法能适应多种信号控制要求。

由于以下原因，需要采用比计算结果稍微短一些的信号周期时长。

（1）由于此方法只考虑了关键相位，而没有考虑次要的相位停车次数和

延误，因此，采用较小的信号周期有利于减少次要相位的延误时间，同时减少过街行人的受阻延误。

（2）本算法基于饱和流量在绿灯期间维持常量的假设，但在实际情况下，饱和流量在绿灯开始后会下降，因此，应采取比计算结果稍短一点的周期时间，可以获得较好的运行效益。

2.1.3 HCM 法

HCM 法是通过确定交叉口的饱和度的极限值 x，再根据饱和度的极限值与流量比和周期之间的关系式求得周期的最小值。然后选取周期值，一般在 30～90 s。再根据公式估算饱和度 x_i，经过反复试算达到一个理想的饱和度值。根据公式计算各相位有效绿灯时间。最后，检查配时，保证绿灯时间与损失时间的和等于周期时长，且总和中只能有一次重叠绿灯时间。

（1）极限饱和度的确定：

$$x_c = \sum_{i=1}^{n} \left(\frac{q}{s}\right)_{c_i} C/(C-L)$$

（2）计算最短周期：

$$C_{\mathrm{m}} = Lx_c \bigg/ \left[x_c - \sum_{i=1}^{n} \left(\frac{q}{s}\right)_{c_i} \right]$$

（3）选择周期试算饱和度：

$$x_i = q_i C_{\mathrm{m}} / S_i g_i$$

（4）计算各相位有效绿灯时间：

$$g_i = \frac{q_i C_{\mathrm{m}}}{S_i x_i} = \left(\frac{q}{s}\right)_{c_i} \times \left(\frac{C_{\mathrm{m}}}{x_i}\right)$$

式中：x_c——交叉口饱和度的极限值；

$\sum_{i=1}^{n}\left(\frac{q}{s}\right)_{c_i}$——所有临界车道组或引道的流量比。

2.1.4　冲突点法

冲突点法以冲突点为考察断面，对于对向进口道没有设置左转专用道的情况，本向直行车、对向左转车通过冲突点及信号换相所需各类时间的总和的表达式为

$$t_{\mathrm{T}f}+\sum_{S=L}^{\mu+1}(n_s-1)h_{\mathrm{T}}+\sum_{m=1}^{\mu}(n'_{\mathrm{L}m}-1)h_{\mathrm{L}}+\mu\tau+\tau_f+(n'_{\mathrm{L}y}-1)h_{\mathrm{L}}+\tau_{\mathrm{LT}}-t''_{\mathrm{T}f}\leqslant G+Y_{\mathrm{LT}}$$

对于对向进口道设置左转专用道的情况，表达式为

$$t'_{\mathrm{L}f}+\sum_{S=L}^{\mu+1}(n_s-1)h_{\mathrm{T}}+\sum_{m=1}^{\mu}(n'_{\mathrm{L}m}-1)h_{\mathrm{L}}+\mu\tau+\tau_f+(n'_{\mathrm{L}y}-1)h_{\mathrm{L}}+\tau_{\mathrm{LL}}-t''_{\mathrm{Lf}}\leqslant G+Y_{\mathrm{LL}}$$

其中：

$$Y_{\mathrm{LT}}=t_{\mathrm{T}l}+\tau_f+(n'_{\mathrm{L}y}-1)h_{\mathrm{L}}+\tau_{\mathrm{LT}}-t''_{\mathrm{T}f}$$
$$Y_{\mathrm{LL}}=t_{\mathrm{T}l}+\tau_f+(n'_{\mathrm{L}y}-1)h_{\mathrm{L}}+\tau_{\mathrm{LL}}-t''_{\mathrm{L}f}$$

简化过后：

$$G\geqslant h\sum n+\mu(\tau-2h)+(t_{\mathrm{T}f}-t_{\mathrm{T}l})-h$$

$$G\geqslant h\sum n+\mu(\tau-2h)+(t'_{\mathrm{L}f}-t_{\mathrm{T}l})-h$$

式中：G——绿灯时长，s；

$t_{\mathrm{T}f}$——本向绿灯初期直行头车从停车线行驶到冲突点所需时间（包括司机反应时间），s；

$t_{\mathrm{T}l}$——本向绿灯末期直行尾车从停车线行驶到冲突点所需时间，s；

$t'_{\mathrm{L}f}$——对向绿灯初期左转头车从停车线行驶到冲突点所需时间（包括司

机反应时间），s；

$t''_{\mathrm{T}f}$——相交道路绿灯初期左转头车从停车线行驶到冲突点 CP_{LL} 所需时间，s；

$t''_{\mathrm{L}f}$——相交道路绿灯初期直行头车从停车线行驶到冲突点 CP_{LT} 所需时间，s；

$\sum ns$——本向直行车道或公用车道的周期流量，辆；

$\sum n'_{\mathrm{L}m}$——绿灯中期通过交叉口的对向左转车的周期流量，辆；

$n'_{\mathrm{L}y}$——绿灯末期及黄灯时间通过交叉口的对向左转车周期流量，通常取值 p，辆；

h——一股车流通过冲突点的平均车头时距（h_{T} 为右转车，h_{L} 为左转车），s；

μ——绿灯不饱和期间，本向直行车流出现的可穿越空当数；

τ——可穿越空当时长，$\tau=\tau_f+\tau_r$，s；

τ_f——可穿越空当的前半部分时长，s；

τ_r——可穿越空当的后半部分时长，s；

τ_{LT}——对向左转尾车同相交道路直行头车在冲突点 CP_{LT} 的安全交叉时间，s；

τ_{LL}——对向左转尾车同相交道路左转头车在冲突点 CP_{LL} 的安全交叉时间，s；

$\sum n$——设计周期流量，辆。

各个参量的计算过程如下。

（1）设计周期流量的计算公式为

$$\sum n=\sum n_s+n'_{\mathrm{L}b}+\sum n'_{\mathrm{L}m}=\sum n_s+l'q'-p$$

式中：$n'_{\mathrm{L}b}$——绿灯初期通过交叉口的对向左转车的周期流量，辆；

q'——对向进口道上的周期流量，辆；

l'——对向进口道上左转车所占的百分数；

p——一次绿灯期间，在交叉口一侧可以停放的左转车的车辆数，辆。

（2）绿灯时长的计算公式为

$$G \geqslant h_m \sum n + \alpha_m + \beta - mh_m = h_m \sum n + g$$

式中：α_m——绿灯期间因为对向左转车穿越空当所需的附加时间，s；

m——直行车道数，$m=1$ 时，$\alpha_m = \alpha_1 = \mu(\tau - 2h_1)$，$m=2$ 时，$\alpha_m = \alpha_2 = \mu(2\tau - 3h_2)$；

β——绿灯期间，决定于对向左转头车是否能在直行头车之前到达冲突点的附加时间，当对向无专用左转车道时，$\beta = t_{\mathrm{T}l} - t_{\mathrm{T}f}$，当对向有专用左转车道时，$\beta = t'_{\mathrm{L}f} - t_{\mathrm{T}l}$，s；

g——绿灯综合附加时间，$g = \alpha_m + \beta - mh_m$，s。

某一相位所需绿灯时长可取这一相位计算得出的本向或对向中最大的绿灯时间。

黄灯时长的计算公式为

$$Y = ph_{\mathrm{L}} + \varepsilon + \delta = ph_{\mathrm{L}} + y$$

式中：Y——黄灯时长，s；

ε——黄灯（绿灯间隔）期间，因改变交通运行所需的附加时间，s；

δ——黄灯期间，因换向所需的附加时间，s；

y——黄灯期间的综合附加时间，$y = \varepsilon + \delta$，s。

某一相位所需黄灯时长可以取这一相位计算得出的本向或对向中最大的黄灯时间。

冲突点法的特点如下。

（1）适用于两相位控制交叉口，有无左转专用道均可，如图2-1所示，也可有多条直行车道。

（2）在配时之前要获得较多的数据，比如车辆到达冲突点的时间，可穿越间隙等。

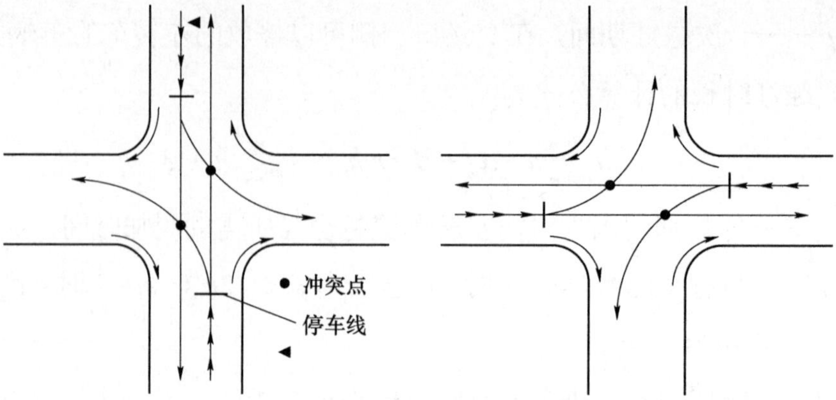

图 2－1　两相位控制交叉口

2.2　单点感应控制算法

在 HCM 法中，最小绿灯时间的估计模型为

$$g_s = f_q \frac{q_r r}{s - q_g}$$

式中：g_s——服务车队时间，s；

f_q——参数，$f_q = 1.08 - 0.1\times$（实际绿灯时间/最大绿灯时间）^{2}；

q_r，q_g——红灯时间内车辆到达率和绿灯时间内车辆到达率，辆/s；

r——有效红灯时间，s；

s——饱和流率，辆/s。

单位绿灯延长时间为

$$g_e = \frac{e^{\lambda(e_0 + t_0 - \Delta)}}{\varphi q} - \frac{1}{\lambda}$$

$$t_0 = \frac{0.68(L_d + L_v)}{S_A}$$

式中：g_e——绿灯延长时间，s；

q——整个周期内的车辆到达率，辆/s；

e_0——设置的单位延长时间，s；

t_0——车辆占据通行检测器的时间，s；

L_d——车辆长度，m，假设为 5.5 m；

L_v——检测长度，m；

S_A——车辆在进口的速度，km/h；

φ——自由行驶车辆所占比例。

Δ——到达车辆的最小车头时距；

λ——参数，感应相位控制的所有车道组每秒钟通过的车辆数，辆/s，可由下式计算：

$$\lambda = \frac{\varphi q}{1 - \Delta q}$$

$$\varphi = \mathrm{e}^{-b\Delta q}$$

其中，Δ 与 b 的推荐值如表 2-1 所示。

表 2-1　Δ 与 b 的推荐值表

车道数		Δ	b
单车道		1.5	0.6
多车道	2 车道	0.5	0.5
	3 条或更多车道	0.5	0.8

最大绿灯时间可按照定时周期的方法确定，使用绿灯时间估计模型并不难，但是由于每个相位需要的绿灯时间取决于其他相位需要的绿灯时间，并不能由模型直接确定平均周期长度或绿灯时间，因此，各个相位的绿灯时间相互依赖，需要迭代运算才能确定各个相位的绿灯时间，并且在每一步迭代，只有给出其他相位需要的绿灯时间，才可以确定每个相位需要的绿灯时间。迭代过程的逻辑开始点是每个相位的最小相位时间，如果这些时间虽对于所

有相位而言都是足够的，则周期长度可由这些关键相位之和求得，当某个相位需要时间大于最小相位时间，则应当分配给该相位更多的时间，从而导致了其他相位的红灯时间要变长，而该相位绿灯时间增加。

2.3 行人相位配时算法

行人绿灯时间如下式所示：

$$\text{WALK} = t_{pr} + \frac{N_p}{S_p W_E}$$

式中：WALK——行人绿灯时间，s；

t_{pr}——绿灯启亮时，行人反应时间，s；

N_p——行人绿灯信号开始时等待的人数，一般等于一个周期行人的到达量，人；

S_p——行人流率，人/（m·s）；

W_E——人行横道的有效宽度；

在 HCM 法中，研究取值为$t_{pr}=3.2$ s，$S_p=1.32$人/（m·s），并给出了以下经验公式：

$$\text{WALK} = 3.2 + 0.81\frac{N_p}{W_E}，\ W_E > 3.0m$$

$$\text{WALK} = 3.2 + 0.81\frac{N_p}{3.0} = 3.2 + 0.27N_p，\ W_E \leqslant 3.0m$$

行人绿闪时间（FDW）为：

$$\text{FDW} = \frac{L_c}{S_{p15}}$$

式中：FDW——行人绿闪时间，s；

L_c——人行横道一端路缘石到对侧最远车道中线的距离，通常取人行横道长，m；

S_{p15}——行人 15%位行走速度，m/s，一般取 1.2 m/s。

行人相位时间等于行人绿灯时间和行人绿闪时间之和，即

$$g_p = \text{WALK} + \text{FDW}$$

第 3 章

交通冲突

3.1 交通冲突的定义

交通冲突的定义是：道路上两个及两个以上交通参与者在运行或静止状态下感知到危险的存在时，若不采取任何措施则必然会有事故发生，且采取措施即能完全避免事故发生，这种从交通参与者感知到危险存在持续到事故被有效制止的过程称为交通冲突。

按冲突角度不同，交通冲突可分为正向冲突、追尾冲突、横穿冲突、撞固定物冲突。

按照冲突对象的不同，可将交通冲突分为机动车之间的冲突、机动车与非机动车之间的冲突、非机动车与行人之间的冲突、机动车与行人之间的冲突、非机动车之间的冲突、行人之间的冲突等。

按冲突成因不同，交通冲突可以分为紧急制动、减速、交织等。造成交通冲突的原因复杂，某个冲突可能是众多冲突成因的组合导致的；且各个原因之间也存在一定的相关性，如交叉口红灯可造成车辆减速。

根据交通危险事件的严重性，可将交通冲突分为非严重冲突和严重冲突两类，或者分为一般冲突、中等冲突和严重冲突三类。如图 3－1 所示。

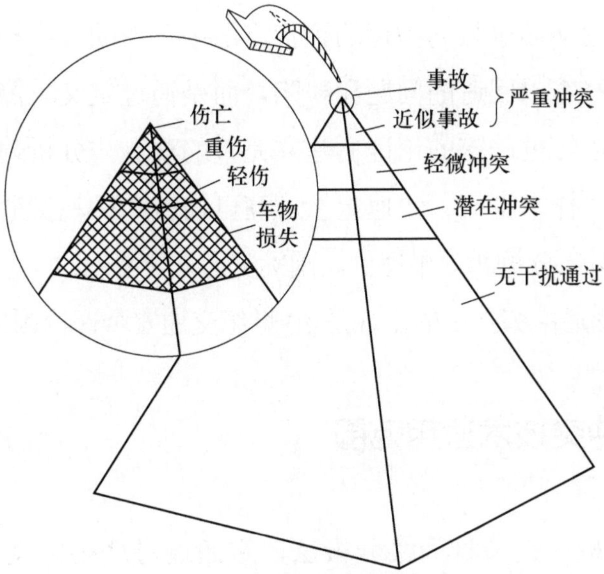

图 3-1 交通冲突严重程度分级

3.2 交通冲突技术

3.2.1 交通冲突技术简介

交通冲突技术（traffic conflicts technique，TCT），是国际交通安全领域普遍应用的一种非事故指标评价方法。1968 年，通用汽车公司的两名研究人员第一次提出了交通冲突的概念，并将交通冲突作为交通安全评价的一种方法。随着技术体系的不断成熟和发展，冲突技术获得了国际交通安全工作者的认同和青睐。时至今日，交通冲突技术已经是交通安全评价和研究领域内最经常使用的技术手段之一，并且建立了技术研究合作组织——国际交通冲突技术委员会（ICTCT）。从 20 世纪 70 年代起即开始经常组织国际间关于交通冲突技术的交流与协作，这更加促进了交通冲突技术的发展。交通冲突技术的优势在于，它规避了通常的应用交通事故为指标的评价方法中存在的“小样本、长周期、影响因素多”等一些难以回避的问题和缺陷，而是通过定义可测量、可观测、可记录的交通冲突，经过严密的论证后建立完善的观测与分析理论，实现可控、定量的分析，是“样本生成、快速定量、高可信度”微观交通安全评价方法，尤其适用于前后对比分析和效果评价。国际交通安全界对这一技术的评价很高，甚至有专家认为交通冲突技术的出现是20世纪交通安全评价领域内的一次革命。

3.2.2 交通冲突技术适用范围

交通冲突分析法是一种间接分析法，它通过对严格定义的交通事件进行观测和分析来评价特定路段的交通安全水平或状况。相对于直接采用交通事故作为指标的评价方法，交通冲突分析法并不直接面对交通安全最关心的指标——交通事故，因此，交通冲突技术的使用具有局限性。在选择交通冲突技术作为评价工具的时候，需要注意以下几个问题。

（1）由于交通冲突的次数与交通事故的数量之间的换算系数很难获得，因此，交通冲突分析法对于预测交通事故率或其他的交通安全指标并不能起到很好的效果。交通冲突分析法更加适用于交通安全水平的相对性评价，如事前一事后评价或安全改造措施的效果评价等。

（2）交通冲突技术着眼于不同交通参与者之间在空间或时间上的相互干扰，是一种描述多个交通参与者相互之间危险程度的一种技术。交通冲突技术没有包含单个交通对象危险状态及车辆与道路不协调的内容，因此交通冲突分析的结果仅仅能说明发生在多个交通参与者之间的危险。

（3）交通冲突技术依赖于对现场的交通冲突观测，不能脱离具体的道路环境。而且交通冲突是独立的单一事件，不能用来描述一个连续的交通安全过程。交通冲突在技术本质上是交通安全研究中可以选用的一种工具，在使用交通冲突技术进行安全研究之前，应该分析研究的目的和道路的环境。如果存在上述的问题则不宜采用交通冲突这个分析工具，否则有可能导致不全面或错误的结论。因为交通冲突技术的使用具有上述的局限性，所以比较适用于对于道路某一点的多车事故分析。最符合交通冲突技术使用条件的是交叉口、进出口等存在大量交通交织的路段。目前，交通冲突技术也开始被应用在路段上分析多车事故出现的规律。在交通安全研究中，冲突经常用于分析存在的交通安全隐患的类型和危险程度。

3.3　交通冲突的评价

目前，被广泛认为能够客观地度量冲突严重程度的指标有空间距离、时间距离、碰撞能量及为避让事故减速所需要的减速度。

3.3.1　空间距离法

空间距离是一个十分直观的度量参数。冲突双方的空间距离越小，则冲突严重程度越高；冲突双方的空间距离为 0 就意味着交通事故的发生。车辆的制动距离是一个十分重要的距离指标，可以用来界定冲突双方发生碰撞的临界距离，处于冲突区域的两车，若其中一方车辆的制动距离大于其与冲突双方潜在冲突点之间的距离，且冲突双方仍在逐渐靠近，则发生碰撞的可能性很大，冲突越严重。不同车型在不同速度下的临界距离如表 3－1 所示。

表 3－1　不同车型的临界距离

临界距离/m				临界距离/m			
速度/（m/s）	大型车	中型车	小型车	速度/（m/s）	大型车	中型车	小型车
1.0	0.42	0.35	0.28	6.0	5.22	4.52	3.69
2.0	1.01	0.86	0.69	7.0	6.72	5.84	4.78
3.0	1.79	1.53	1.24	8.0	8.42	7.32	6
4.0	2.75	2.37	1.92	9.0	10.29	8.96	7.36
5.0	3.89	3.37	2.74	10.0	12.34	10.76	8.86

但是在实际应用中，使用空间距离作为判断标准存在一些问题：一方面，如果冲突速度很低，即使距离很小，冲突的严重程度也不大。另一方面，在一些特定情况下，双方之间较小的空间距离未必意味着不安全。例如，两车相互垂直交叉的时候，较小的距离也能保证安全通过，这会导致交通冲突严重程度判别出现较大偏差。

3.3.2 时间距离法

目前，国际上通行使用 TTC（time to collision）作为冲突严重程度的判别标准。TTC 这一指标综合反映了速度和距离两个因素。

通常，TTC<3 s 的冲突即可被定义为一次有可能导致交通事故的严重冲突。值得注意的是，这 3 s 的时间是从驾驶员的反应时间加上开始减速直至碰撞点的时间。这一界限值是通常情况下的参考值，在一些特殊的情况下，界限值也应当随着交通条件的变化进行合理的调整。

另外，后侵入时间也是评价交通冲突的重要指标，信号交叉口混合交通流冲突中的后侵入时间是指冲突双方先导车辆或行人离开冲突点的时间与另一车辆或行人到达冲突点的时间之差，当这一时间差为 0 时，则双方相撞，造成事故。作为一种交通冲突常用的衡量指标，后侵入时间的可测性和可靠性也得到了广泛的认可，但是，侵入时间（post enrochment time，PET）这一指标也面临着冲突阈值难以确定、有效性验证难等问题。

3.3.3 能量判别法

常用的基于时间或空间的冲突指标仅能够捕获发生事故风险的信息，若交通冲突能够发展成为交通事故，交通冲突的严重程度判定由事故风险判定转换为碰撞事故带来的损坏程度的判定。在此情况下，基于能量的冲突严重程度判别法被提出，采用碰撞能量来衡量严重程度，其公式为

$$TED = E - E_F$$

式中：E——冲突开始时双方车辆的动能；

E_F——冲突车辆由于避险行为中的制动等原因损失的能量；

TED——碰撞能量。

碰撞能量即冲突车辆发生事故时所具有的破坏性能量，可以用来衡量最终导致碰撞事故的冲突的严重程度，碰撞能量与该类冲突严重程度正相关。根据碰撞能量大小将冲突分为高危险、危险和低危险三个等级，如表 3–2 所示。

理论上，能量判别法是评价交通冲突严重程度的较优方法。但是，在实际计算过程中，冲突双方能量的变化需要综合考虑冲突双方的质量、冲突速度、冲突角度和地面附着系数等一系列复杂因素的影响，数据采集和处理的工作量过大，限制了该方法的实际应用。

表 3–2　冲突严重程度 TED 分级标准

程度	碰撞能量 TED/(kN・m)	相应事故后果
低危险	＜122	无伤或轻伤
危险	122～486	重伤
高危险	＞486	死亡

3.4　交通冲突中的避险行为

交通事故中双方都存在不同的避险行为。这意味着大部分交通个体在发生事故前的变化（速度、方向等）具有突变性。在不同类型的交通冲突中，司机所采用的避险行为如表 3–3 所示。

表 3-3　交通冲突中的避险行为

交通冲突	避险行为	危险预判的时间	心理反应
非严重冲突	1. 压刹，点刹 2. 预防性转向 3. 压刹时伴有小幅度转向 4. 加速绕行	1. 充分的反应时间 2. 较充分的反应时间	1. 不紧张，从容 2. 注意力范围略有缩小 3. 判断能力下降
严重冲突	1. 点刹 2. 紧急制动 3. 大幅度转向	1. 极短的反应时间 2. 没有反应时间	1. 紧张，反应突然 2. 注意力范围急剧缩小 3. 驾驶依赖条件反射

由此可以得出以下结论：第一，避险行为是处于冲突状态的交通参与者对事故危险性的必然反应；第二，避险行为可导致交通个体的运动状态发生突变；第三，由避险行为引起的交通个体运动方向和速度显著改变的位置，可作为冲突的观测起始点。

3.5　交通冲突的分类

交通冲突按冲突角度主要分以下 4 种。

1. 正向冲突

冲突角 $\theta\in$［135°，180°］时的交通冲突称为正向冲突，主要表现为冲突车辆以相反的方向相互靠近，是车头与车头之间的冲突碰撞。

2. 追尾冲突

冲突角 $\theta\in$［0°，45°］时的交通冲突称为追尾冲突，主要表现为冲突车辆以相同的方向相互靠近，是车头与车尾之间的冲突碰撞。

3. 横穿冲突

冲突角 $\theta\in$［45°，135°］时的交通冲突称为横穿冲突，主要表现为冲突车辆以交错的方式相互靠近，是车头与车辆中部之间的冲突碰撞。

4. 撞固定物冲突

道路使用者与道路上的固定构造物发生冲突，冲突角 $\theta \in [0^\circ, 90^\circ]$。主要表现为冲突车辆以一定的角度逼近道路构造物，是车头与道路构造物之间的冲突碰撞。

按照冲突对象的不同，可将交通冲突分为机动车之间的冲突、机动车与行人之间的冲突、机动车与非机动车之间的冲突、非机动车与行人之间的冲突、非机动车之间的冲突、行人之间的冲突，通常，前三者是冲突研究的主要类型。

按冲突成因不同，可以分为紧急制动、交织、减速、红灯等。造成交通冲突的原因复杂，某个冲突成因可能是众多冲突成因的组合；而且各个原因之间还存在一定的相关性，如车辆减速可能是由交叉口红灯造成的。因此，按冲突成因分类的交通冲突造成研究的不确定性。

根据交通危险事件的严重性，可将交通冲突分为非严重冲突和严重冲突两类，或者分为一般冲突、中等冲突和严重冲突三类。交通冲突程度的界定是交通冲突技术应用的一个重要内容，也是以冲突为基础的安全评价的关键问题之一。

3.6　四相位信号交叉口混合交通流主要冲突

四相位信号交叉口增加了左转相位，从而消除了与左转机动车相关的冲突。四相位混合交通流之间的冲突主要有以下几种。

1. 右转机动车与行人冲突

右转机动车不受信号控制，因此在行人相位下，右转机动车会与行人发生冲突，根据冲突角度分类，右转机动车与行人之间的冲突属于横穿冲突，该类冲突对于行人的威胁更大。

2. 右转机动车与直行自行车冲突

自行车与行人同相位过街，与右转机动车行人冲突产生机理相似，右转机动车与自行车之间的冲突主要对自行车使用者的骑行安全产生威胁，这类冲突同属横穿冲突。

3. 右转机动车与直行电动自行车冲突

右转机动车与电动自行车的冲突机理和自行车相同，电动自行车相较于自行车具有更大的速度，但由于电动车的体积一般较大，灵活性不如自行车。导致电动自行车在面对交通冲突时制动距离更长、调整方向更慢，因此该类冲突的隐患远远大于右转机动车与自行车或行人的冲突。

4. 右转机动车与左转非机动车的冲突

四相位信号交叉口有专用的左转信号相位供左转机动车使用，部分电动自行车也会利用左转机动车进行左转，转入相交道路非机动车车道，由于右转机动车不受信号控制限制，因此右转机动车有和左转电动自行车之间存在相互冲突的风险，这一类的机、非冲突中，由于周边没有行人、自行车的干扰，电动自行车的车速往往更快，且由于双方都处在转弯的状态，存在一定的视觉盲区，安全风险比上述另外两种机、非冲突更大。从冲突角度上分类，这一冲突同属横穿冲突。

5. 右转机动车与左转机动车冲突

左转相位下尤其是左转相位刚刚放行时，左转机动车流量较大，左转机动车左转时存在与来自对向道路右转机动车汇入同一条车道的可能性，易产生冲突，降低交叉口效率，甚至导致追尾、刮蹭等事故。从冲突角度上来分该类冲突属追尾冲突。

6. 右转机动车与直行机动车冲突

该类冲突与左、右转机动车之间的冲突机理类似，该类冲突通常的表现形式也是追尾。

3.7　平面交叉口交通冲突事件分析

在进行交叉口安全水平宏观分析时，通常采用基于交通冲突严重程度和频率计算安全度的方法。交叉口安全度的计算为

$$\mathrm{DS}=\sum_{i=1}^{n}\mathrm{ds}m_i=\sum_{i=1}^{n}k_iF[f(q_{1i},q_{2i}),g(v_i,\alpha_i)]$$

式中：DS——交叉口的安全度；

n——交叉口内实际的交通冲突点的个数；

k——考虑出行者行为的安全系数；

q_1，q_2——两个方向的交通流率；

α——交通冲突发生的角度。

第 4 章

信号交叉口混合交通流

4.1 交 通 流

交通流是指汽车在道路上连续行驶形成的车流。广义上还包括其他车辆的车流和人流。在某段时间内，在不受横向交叉影响的路段上，交通流呈连续流状态；在遇到路口信号灯管制时，呈断续流状态。

4.2 交通流的分类

交通流按交通设施对交通流的影响可以分为非间断交通流或称连续交通流和间断交通流。

按交通流中的成分可以分为机动车流、非机动车流、混合交通流。

按交通流的交汇形式可以分为交叉、合流、分流、交织流。

按交通流内部的运行条件及其对驾驶员和乘客产生的感受可以分为自由流、稳定流、不稳定流、强制流。

4.3　交通流相关参数

1. 交通量和流率

交通量又称流量（volume），是指单位时间内，通过道路（或道路上某一条车道）指定地点或断面的车辆数。流率（rate of flow）是指把在不足 1 小时的时间段内（通常是 15 分钟），通过道路（或道路上某一条车道）指定地点或断面的车辆数经过等效转换得到的单位小时的车辆数。

2. 日交通量

年平均日交通量（average annual day traffic，AADT）：一年中，在指定地点的平均每日交通量，称为年平均日交通量。

$$\mathrm{AADT}=\frac{1}{365}\sum_{i=1}^{365}Q_i$$

式中：Q_i——某天通过指定点的车辆数。

年平均工作日交通量（average annual weekday traffic，AAWT）。

平均日交通量（ADT）：在少于一年的某个时间段内，在指定地点的平均每日交通量，称为平均日交通量。

平均工作日交通量：在少于一年的某个时间周期内（一个季度、一个月或一周），在指定地点所有工作日的平均每日交通量，称为平均工作日交通量。

3. 小时交通量

1）高峰小时交通量

在一天的 24 小时内，小时交通量的差异很大，最大交通量常发生在早、晚上下班拥挤时刻。一天中，具有最高小时交通量的那一小时称为“高峰小时”。

2）第 30 位高峰小时交通量

将一年中 8 760 小时交通量的观测值依大小顺序排列，排在第 30 位的小时交通量称为第 30 位高峰小时交通量。

3）设计小时交通量

选择一个适当的小时交通量作为道路规划设计的依据，这就是设计小时交通量（DDHV），即

$$\text{DDHV} = \text{AADT} \times K \times D$$

式中：DDHV——具有方向性的设计小时交通量，辆/h；

AADT——年平均日交通量，辆/d；

K——高峰小时交通量占日交通量的比例，%；

D——在高峰小时内的总交通量中，高峰方向交通所占的比例。

4. 速度

速度是描述交通流状态的第二个基本参数，它是指车辆在单位时间内通过的距离。

1）点速度（spot speed）

点速度指车辆通过道路特定地点的瞬时速度。

2）行程速度（travel speed）和行程时间（travel time）

行程时间是指车辆驶过道路某一路段所需的总时间，包括行驶时间和延误时间。路段长度除以通过该路段的行程时间称为行程速度（travel speed）。行程速度又称综合行程速度（overall travel speed）或区间速度（space speed）。

3）设计速度

它是指在道路交通与气候条件良好的情况下，仅受道路条件限制所能保持的最大安全车速。

4）运行速度

运行速度是指在不超过路段设计车速的情况下，车辆在给定交通流中能够达到的最大安全车速。

5）时间平均速度和区间平均速度

时间平均速度是指在特定的时间区间内，通过道路某一地点的所有车辆点速度的算术平均值。区间平均速度是指某路段的长度与通过该路段所有车辆的平均行程时间之比。

6）频率最高值与最常见车速

地点车速的观测结果常表现出数据比较分散，用算术平均值难以表征其分布特性。为此，采用速度频率分布曲线和累积频率曲线表示，并从累积频率曲线上选取一些特征值作为描述速度特性的指标。频率最高值为观测速度中出现频率最多的那个速度值，此速度称为最常见车速。

7）百分位车速

在速度累积频率分布曲线图上，与纵坐标上累加百分数相应的车速称百分位车速。与其相对应的纵坐标值表示在这种车速以下行驶车辆的百分率。常用百分位车速有以下几种。

（1）85%位车速。它表示在所观测到的车辆中，有 85%的车辆具有这种速度值或在这个速度以下，只有 15%的车辆速度高于此值。在交通管理上常用此速度作为某些路段的最高车速限制标准。

（2）50%位车速常称中位车速。它表示在该车速以下行驶的车辆数等于在该车速以上行驶的车辆数，又称为中值速度。

（3）15%位车速。它表示在该车速及低于该车速行驶的车辆数占被观测车总数的 15%。常用此车速作为观测路段的最低限制车速。

5. 交通流密度

交通流密度指在某一瞬间，单位长度道路上存在的车辆数。

1）车道占有率

（1）空间占有率。在道路的一定路段上，车辆总长度与路段总长度之比称为空间占有率，通常以百分数表示。

（2）时间占有率。在道路的任一路段上，车辆通过时间的累计值与观测总时间的比值称为时间占有率。

2）车头间距和车头时距

（1）车头间距（spacing）是指一条车道上前后相邻车辆之间的距离。

（2）车头时距（headways）是指前后两辆车通过车行道上某一点的时间差。

4.4 连 续 流

1. 连续流概念及参数

连续流指没有外部固定因素（如交通信号）影响的不间断交通流。

（1）自由流速度（free-flow speed）v_f。一辆车在无其他车辆干扰的条件下通过某一区段的最高车速。自由流速度又称畅行速度。

（2）阻塞密度（jam density）K_j。密度持续增加使流量趋近于零时的密度或指停车排队的密度。

（3）临界密度（critical density）K_m。流量逐渐增大，接近或达到道路通行能力时的密度。临界密度又称最佳密度。

（4）临界速度（critical velocity）v_m。流量逐渐增大，接近或达到道路通行能力时的速度。

（5）最大流量 Q_m。路段上能够通行的最大流量。

2. 速度与密度的关系

1）速度与密度的关系

$$\overline{v_s}=v_f\left(1-\frac{K}{K_j}\right)$$

2）流量与密度的关系

$$Q=Kv_f\left(1-\frac{K}{K_j}\right)$$

3）流量与速度的关系

$$Q=K_j\left(\overline{v_s}-\frac{\overline{v_s^2}}{v_f}\right)$$

4.5　间　断　流

1. 间断流概念及参数

间断流是指有外部固定因素影响的周期性中断交通流。在所有产生间断流的设施中，最重要的是信号交叉口。信号交叉口的交通流一般采用饱和车头时距、饱和流率和损失时间来描述。

稳定行驶的连续流的车头时距称为饱和车头时距，用 h_t 表示。因为这个时距接近相等，故进入交叉口的每条车道上的车辆数可按下式计算：

$$S=\frac{3\,600}{h_t}$$

式中：S ——饱和流率，辆/（h・车道）；

h_t ——饱和车头时距，s。

饱和流率 S 是每条车道能进入交叉口的车辆数，只有该方向车道总是绿灯信号，车辆通过交叉口无须停车，该式才是正确的。

2. 延误

延误（delay）是指行驶在路段上的车辆由于受到道路环境、交通管理与控制及其他车辆的干扰等因素的影响而损失的时间。其分类如下。

（1）停车延误。是一辆车通过道路设施的某一部分所用的全部停车时间。

（2）行程时间延误。是一辆车通过道路设施的某一部分所用的实际时间与无延误时间的差值。它包括停车延误和慢行延误。

（3）固定延误。由交通控制装置引起的延误，与交通量大小及交通干扰无关，主要发生在交叉口处。信号、停车标志、让路标志和铁路道口等都会引起固定延误。

（4）运行延误。由各种交通组成部分之间相互干扰而引起的延误。

（5）排队延误。车辆排队时间与车辆按自由行驶车速驶过排队路段的时间（自由行驶时间）之差。

4.6 交通流理论

4.6.1 简介

交通流理论是运用物理和数学的定律来描述交通特性的一门边缘学科，它的应用能更好地解析交通现象及其本质，使道路发挥最大功效。

作为交通工程学的基础理论，多年来交通流理论广泛应用于交通运输工程的许多研究领域，如交通规划、交通控制道路与交通工程设施设计等方面。

定量描述交通流的 3 个参数如下。

（1）交通流量，又称交通量，表示交通流在单位时间内通过道路指定断面的车辆数量，单位是辆/h 或辆/d。

（2）交通流速度，简称流速，表示交通流流动的快慢，单位是 m/s 或 km/h。

（3）交通流密度，表示交通流的疏密程度，即道路单位长度上含有车辆的数量，单位是辆/km。

3 个参数之间的关系是：交通流量为交通流速度和交通流密度的乘积。道路上车辆很少时，驾驶员可选择较高速度，这时交通流速度较大，但因交通流密度小，所以交通流量也比较小。随着路上的车辆增多，交通流密度增大，车辆的行驶速度虽受到前后车辆的约束而有所下降，流速降低，但交通流量还是增加的，直到在某一种条件下，流速和密度的乘积达到最大值，即交通流量为最大时为止。这时的流速称为最佳速度，密度称为最佳密度。如果路上车辆再增加，密度继续增大，流速继续下降，尽管密度较大，但因流速较小，所以流量反而下降，直到密度为最大值（这时称为拥堵密度），造成道路阻塞，车辆无法行驶，流速等于零，交通流量也等于零为止。如图 4－1 所示。

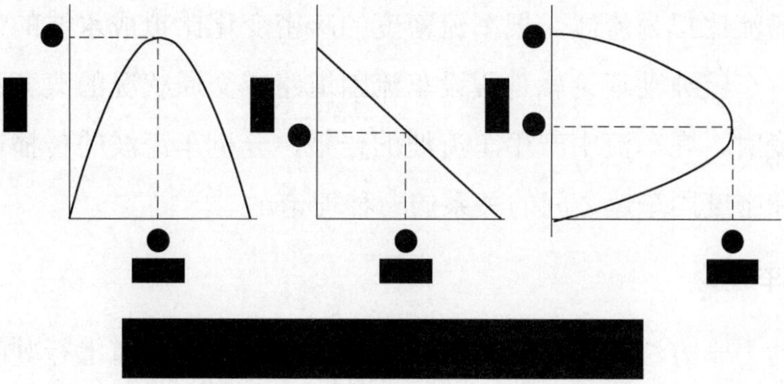

图 4－1　交通流量、交通流速度、交通流密度的关系

速度和密度的关系有人用直线表示，也有人用曲线表示。因此流量和密

度的关系也有不同的表示方式。从 20 世纪 30 年代初开始，就有一些学者试图从理论上阐明交通流的运行规律。

4.6.2 理论应用

1. 概率论的应用

概率论主要应用概率统计方法研究车流的分布规律。车流的统计分布是用概率论方法研究交通现象的基础，同时也直接应用在转弯车道长度的设计、行人过街控制信号的设计、通行能力及车速标准的确定等方面。常用概率论方法研究的车流分布有车流计数分布、间隔分布和车速分布 3 种。

2. 排队论的应用

排队论是研究分析服务对象发生排队拥挤现象的一种数学理论，是运筹学的一个重要内容。排队论主要研究等待时间、排队长度的概率分布，以便合理协调“服务对象”与“服务系统”之间的关系，使之既能满足“服务对象”的要求，又能最大限度地节省服务系统的经费。

3. 车流波动理论

将交通流比拟为流体，把车流密度的疏密变化比拟成水波的起伏而抽象为车流波。车流波动理论就是假设车流因道路或交通状况的改变而引起车流密度的改变时，在车流中产生车流波的传播，分析车流波的传播速度可寻求车流流量和密度同车速之间的关系的一种理论。

4. 跟车理论

运用动力学方法研究车辆列队在无法超车的单一车道上行驶时，后车跟随前车的行驶状态，并用数学模式表达且加以阐明的一种理论。因考察的对象是单辆车辆在行驶过程中的相互关系，所以是一种微观的分析方法。在连续行车情况下，后车要与前车保持一定的安全距离而经常随着前车改变车速。

4.7 混合交通流组成分析

混合交通特性（mixed traffic characteristics）。混合交通在不同国家和不同时代的含义是不同的。在经济发达国家，混合交通是特指车速较高的小型汽车与车速较低的大型汽车所组成的交通；在中国和其他发展中国家的道路交通中，混合交通是指行人与机动车、非机动车与机动车、性能相差悬殊的机动车混行的现象。在中国，自行车与机动车混行现象十分普遍。

机动车与非机动车混合交通流与纯机动车交通流并没有本质上的差异，都是源于交通个体出行需求而在公共道路上的行进行为，也都是时间和空间都离散的动力系统。但是混合交通流中个体间的相互影响非常复杂，其复杂程度远超过单一类型车流的复杂程度，这主要是因为不同类型的车辆在几何尺寸、行驶速度、动力特性、安全需求等方面差异较大，这就会导致不同类型的车辆的行驶规则是不同的。因此，混合交通流的构成和行为上的复杂性，决定其在运行特性上与纯机动车流存在较大的差异。

混合交通是指行人与机动车、非机动车与机动车、性能相差悬殊的机动车混行的现象。

4.7.1 自行车运行分析

自行车只有两点接触地面，且接触面积小；其转向灵活、反应敏捷，而且骑行速度、方向会突然发生变化，在骑行中没有固定的行驶轨迹；运行时重心高、处于动态平衡中，容易失去平衡而摔倒。自行车在交通中有很大的不稳定性。

1）稳定性差、灵活性大

非机动车接触地面的面积小，车辆重心高，所以非机动车的稳定性较差，稍受干扰就可能摇晃甚至摔倒。同时非机动车易于改变方向，因此行车轨迹不固定，并且骑行速度也易产生变化。而上述特性对于不同年龄、不同性别、不同性格的人群也会有很大差异。对于机动车来说，一方面，在与非机动车发生冲突时会采取减速慢行甚至改变方向的避险措施，从而导致延误的发生；另一方面，与高灵活性的非机动车冲突时，司机在进行决策时需要处理的信息量也相对更大，若在有限的时间内未能作出正确的判断，就会导致事故的发生。机、非冲突中，作为弱势群体的非机动车一方会面临极大的伤亡风险，而机动车一方也会遭受一定的经济损失。

2）成群性

非机动车常常是成群结队地骑行，通过车道某一断面的车辆数不定，在红灯期间，非机动车在交叉口的停车线后聚集等待过街，绿灯启亮时非机动车会成群地涌进交叉口内，随着车流量的上升，非机动车的行驶受限，所以非机动车只能保持和整个车队或车群的行驶状态一致，加、减速或转向的自由度很小。

3）膨胀性

机动车流量较低时，车辆之间的相互干扰较小，非机动车骑行的自由度很大，速度恒定且接近自由流速度，骑行者前进方向不受限制，这时的非机动车流没有固定的形状，也没有一定的行驶方向。随着车流量的增加，车辆之间的相互干扰愈发严重，非机动车的速度有所下降且出现波动，行驶方向则由于要寻找超车空当而产生了与前进方向相垂直的横向波动，另外，在流量较大的情况下，为了保持自身与其他车辆的安全距离，非机动车流所占面积必然增加，此时出现膨胀现象。

4）离散性

与成群性相反，有些骑车人为了不受自行车群中其他骑车人的约束与干扰或不愿在陌生人群中骑行，也不愿紧紧尾随在别的自行车之后，往往选择车辆少、空当大的路段骑行，与其他车辆保持一定的距离，或者超前单行，或滞后一段单行，这样行驶起来更自由、机动，这一点对女性骑行者尤为显著。

5）潮汐性

在有信号灯控制的路段，自行车车流由于在交叉口周期性地经历着截流、集聚、释放的过程，使得路段上的自行车车流成群地像潮汐一样向前流动。潮汐性的周期一般等同于上一个路口的信号灯的周期。

6）多变性

由于自行车机动灵活、易于转向和变速，因此骑车速度与自行车流向常发生变化。骑行速度较快者经常穿插空当，因此自行车的速度、方向呈现多变的特点。速度与方向的变化与自行车流量大小有关。当流量较低的时候，自行车能够自由骑行，这时自行车的速度不会发生太多变化，而方向则会呈现自由摆动。当流量上升到一定程度后，自行车的速度变化增加，方向变化则更加明显，主要方向变化在于寻找前方的空当超车穿行，但流量继续上升以后，自行车行驶受到限制，基本没有空当可以穿插，这时车队的速度都保持较稳定，方向变化也减少。

4.7.2 行人运动分析

行人运动的随意性，再加上不少行人无视交通规则，不看红绿灯，不走人行横道，随意穿行，与车辆争道，容易造成交通事故。

1. 行人速度特性分析

美国交通工程师协会（Institute of Transportation Engineers）指出行人步速为 1.2 m/s，而在人行横道上，由于信号相位和个体差异的影响，行人的步速会有所变化。交叉口行人的过街受行人身心状况及道路交通条件等因素影响。

不同性别的行人步速不同，已有相关研究对不同性别行人的步速进行了统计，男性普遍高于女性。

年龄对步速也有影响，青年人和中年人身体状况差别较小，而老年人生理机能衰退，导致行动迟缓，相关研究表明：中青年行人过街的平均速度为 1.43 m/s，而老年行人过街的平均速度仅为 1.18 m/s。

单个行人的过街速度要高于群体中行人的过街速度。产生这种现象的原因主要有两个：一方面，行人群规模越大，行人心理安全感越高，思想越放松，对与其他交通流的冲突的关注就会减少。而单个行人过街时会有更加明显的不安全感，想尽快通过交叉口而加快速度。另一方面，行人以群体形式过街时，行人的步速会受到行人密度的影响。行人密度较小时，个人行走空间较大，行人过街时不易受到他人影响，步速比较稳定；反之，个人行走空间较小，行人间互相干扰越严重，行走会受到一定的限制，步速波动并有降低。随着一起过街的行人数量的增加，过街行人的速度分布更为集中，行人群体中各个行人的速度趋向于整个群体的平均速度。

个人行走空间是指行人在行走时需要占据的基本空间范围，包括步幅区、行人视觉区、避让与反应区等。步幅区取决于行人的步幅；行人视觉区大概为 2.1 m，指行走时能从头到脚看到一个人的距离；避让与反应区一般为 0.48～0.6 m，通过反应时间和一般步速相乘得出。

根据调查数据，本研究取无干扰时行人速度平均值，即 1.35 m/s 作为过街速度参考标准值，定义过街时间为人行横道长度除以过街速度参考标准值。

2. 行人到达与释放特性

通过对信号交叉口行人绿灯时间放行现象的观测，发现在绿灯时间内，行人在绿灯放行时间进入人行横道过程与非机动车相似，主要分为以下阶段。

第一阶段：初期，等待过街的行人放行，行人以“行人聚集群”的形式通过，人行横道内两个方向的行人以聚集群的形式前进一段距离后，两个方向的行人聚集群相遇，形成一个双方向的聚集群；相遇过后，两个方向的行人继续保持聚集群形式，继续行进直到通过路口。

第二阶段：红灯时等待的行人群逐渐放行完毕，后续行人群密度逐渐降低，最后，两个方向的行人以“随机单体”的形式通过。

4.7.3　机动车交通特性分析

1. 机动车速度特性分析

一般来说，机动车在有道路分割线的城市道路上行驶时的速度一般为 40 km/h，即 11 m/s 左右，但出于安全等因素的考虑，信号交叉口处的机动车速度往往会有所下降。

信号交叉口处右转机动车车道处于道路边缘最右侧，和非机动车道相邻，由于需要转弯，所以右转机动车相较于直行机动车来说运行速度较低，根据对样本的观察和统计，即使在无任何干扰的情况下，右转机动车的速度也仅为 5 m/s 左右，并且，无论是否与直行行人发生冲突，右转机动车在转弯时都会发生先减速后加速的过程。

与右转机动车类似，左转机动车在转弯过程中也会出现不同程度的减速，观测数据显示，左转机动车的速度则分布在 4～6 m/s，均值为 5 m/s 左右。

直行机动车通过信号交叉口时的速度也会有所下降，但比转弯机动车的降速低，根据统计，直行机动车的速度分布在 5～9 m/s，均值约为 7 m/s。

2. 机动车到达与释放特性

一般地，离散型分布与连续型分布被用于描述车辆到达的随机性。信号交叉口处右转机动车流不受信号控制，不存在绿灯初期排队车辆释放时出现的高密度车流，车流的密度相较于直行车并不大，车辆之间的相互影响也比较微弱，右转车辆的到达是随机的且服从泊松分布。其公式为

$$P(k)=\frac{(\lambda t)^k \mathrm{e}^{-\lambda t}}{k!}\quad (k=0,1,2,\cdots)$$

式中：$P(k)$ ——时间 t 内到达 k 辆右转车的概率；

λ ——单位时间内右转车辆的平均到达率，辆/h；

t ——时间间隔，h；

e ——自然对数的底。

四相位下的左转机动车与直行机动车均受到信号控制，有各自的独立相位、不同饱和度条件下，车辆的到达规律是不同的，如表 4－1 所示。

表 4－1 不同饱和度下车辆的到达特性

信号相位饱和度	车辆到达特性
$0.5<V/C\leqslant0.6$	随机到达
$0.6<V/C\leqslant0.7$	非拥挤状况下自由交通流
$0.7<V/C\leqslant0.8$	自由流和非自由流
$0.8<V/C\leqslant0.9$	拥挤状况下自由流

信号交叉口处右转机动车流不受信号控制，因此，右转机动车到达交叉口后，在无任何干扰情况下，可直接沿右转车道驶离交叉口。

左转机动车在红灯时于左转待转区排队等待，左转相位绿灯初期，排队车辆放行，车流量较大，车头时距较小，随着排队车辆放行完毕，后续到达的左转车辆无须排队等待，可直接通过交叉口。

直行机动车释放过程与左转机动车类似，不同的是，直行机动车车流量更大，排队车辆完全释放所需时间更长。

3. 机动车的车头时距分布特性

机动车的车头时距属于连续型分布，根据不同的交通特征，常用的车头时距分布有负指数分布、移位负指数分布、对数正态分布、M3 分布和混合型分布等。一般情况下认为，负指数分布适用于机动车流密度不大，车辆到达随机的情况，一般情况下，应满足每小时每车道的不间断交通量不大于 500 辆的前提。概率公式为

$$P(h \geqslant t) = \mathrm{e}^{-\lambda t}$$

$$P(h < t) = 1 - \mathrm{e}^{-\lambda t}$$

但是，这一分布在几乎不会有超车现象发生的单列右转车流中出现的可能性极小。负指数分布的这一缺点使其具有了一定的局限性。不过，还可以选择用移位负指数分布来对右转车头时距进行更好地拟合，移位负指数分布常用于限制超车的单车道车流车头时距的分布。概率公式为

$$P(h \geqslant t) = \mathrm{e}^{-\lambda(t-\tau)}$$

$$P(h < t) = 1 - \mathrm{e}^{-\lambda(t-\tau)}$$

式中：τ——车头时距大于 0 的最小值，一般在 1～1.5 s；

行人和非机动车对机动车主要有以下影响。

（1）延迟性，行人和非机动车侵占机动车道而影响机动车的正常运行，使机动车的车速大大降低。

（2）制约性，行人和非机动车侵占机动车道迫使机动车绕行，对相邻车道的机动车构成影响，形成一种制约；机动车放慢行驶时，对在其后行驶的机动车也是一种制约。

（3）传递性，机动车流具有流动的特性，前方车队发生的变化一定会向后传递。

（4）随机性，行人和非机动车对机动车的影响是随机的，这种随机性会给机动车驾驶员造成一定的心理压力。

4.8 混合交通流

4.8.1 不同相位下混合交通流的冲突分类

本书将信号交叉口分为若干显著冲突区域，分别为右转机动车与直行行

人冲突区域，右转机动车与直行机动车冲突区域、左右转机动车冲突区域、右转机动车与左转非机动车冲突区域，区域编号如图 4-2 所示，1～4 号为直行机动车与右转机动车冲突区域，5～8 号为右转机动车与行人冲突区域，9～12 号为右转机动车与相交进口道直行行人、非机动车冲突区域，13～16 号区域为右转机动车与相同进口道行人、非机动车冲突区域，17～20 号为右转机动车与左转非机动车冲突区域。

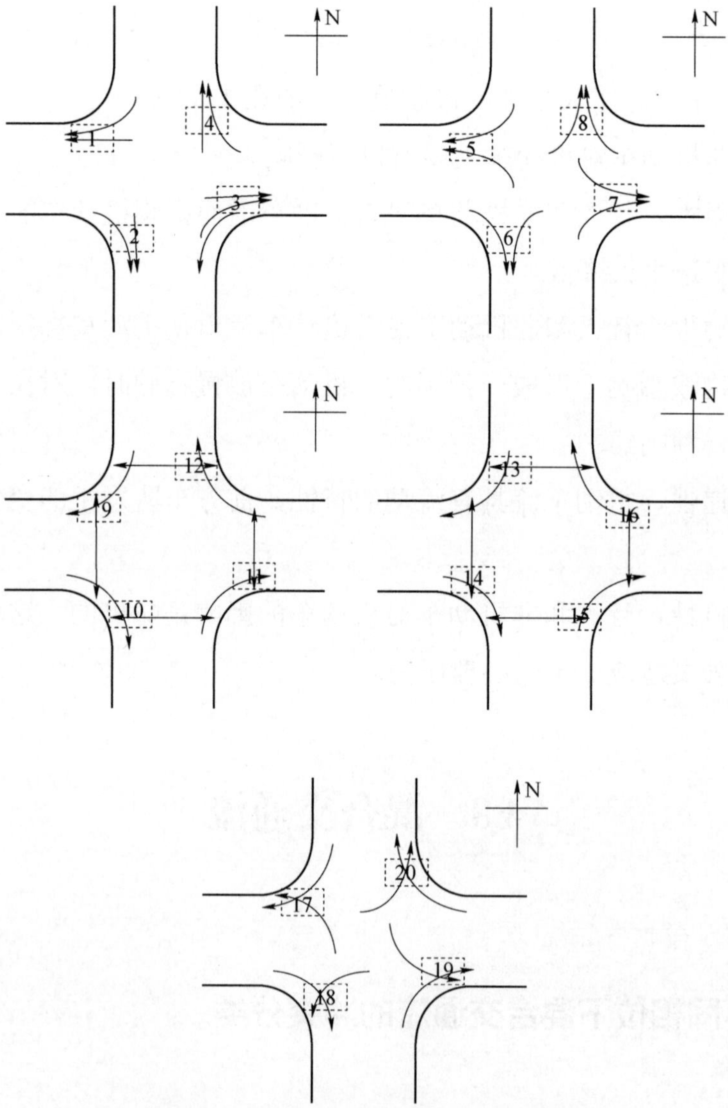

图 4-2　信号交叉口冲突区域划分

4.8.2　混合交通流特性分析

四相位信号交叉口直行相位下，直行机动车与右转机动车产生汇流现象，在汇流中会产生一定的冲突。

1. 直行与右转机动车冲突下的速度–减速度特性

右转机动车的速度–减速度散点图如图 4–3 所示。无冲突时，右转机动车的速度分布在 4～6 m/s 的范围内，减速度主要分布在 0～4 m/s^2 的范围内；有冲突时，右转机动车的速度主要分布在 1～4 m/s 的范围内，减速度主要分布在 0～4.5 m/s^2 的范围内。如表 4–2 与表 4–3 所示。值得注意的时，在无冲突的情况下，右转机动车的减速度和速度呈现出一定的正相关性，无任何干扰时，由于视线的阻碍和前进方向的改变，右转机动车依旧会减速，若右转机动车开始右转的初始速度较大，则在一定时间内制动至较为安全的转弯速度所需减速度也较大，而在直行机动车的干扰下，右转机动车减速时则丧失了这一规律性。

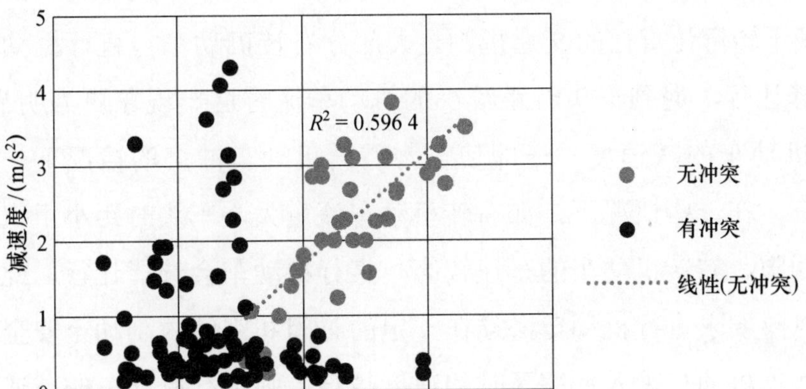

图 4–3　右转机动车速度–减速度散点图

表 4－2　右转机动车速度统计量

右转机动车速度	均值	方差	极小值	极大值
无冲突	4.79	0.86	3.07	6.60
有冲突	2.73	1.14	0.80	5.92

表 4－3　右转机动车减速度统计量

右转机动车减速度	均值	方差	极小值	极大值
无冲突	2.27	0.81	0.24	3.83
有冲突	0.80	0.83	0.14	4.31

直行机动车的速度－减速度散点图如图 4－4 所示。无冲突时，直行机动车的速度分布在 5～9 m/s 的范围内，减速度主要分布在 0～1 m/s^2 的范围内；有冲突时，直行机动车的速度分布在 0～8 m/s 的范围内，减速度分布在 0～8 m/s^2 的范围内，如表 4－4 与表 4－5 所示。其中，大部分机动车的减速度处在 0～2 m/s^2 的范围内，部分直行机动车的减速度达到了 2～8 m/s^2。产生这种现象的原因有以下几个：第一，平面交叉口属事故高发路段，车辆驶入平面交叉口时，往往会减速，CJJ37—2012 中也规定：平面交叉口内的设计速度宜为路段的 0.5～0.7 倍。因此，在无冲突情况下，直行车也具有一定的减速度；第二，基于转弯让直行的交通规则，大部分右转机动车与直行机动车发生冲突时选择让行，遇到车头时距较小的机动车流时这一现象更为明显，因此，大部分机动车的减速度——即使在与右转机动车冲突的情况下——仍旧较小；第三，在一些情况下，如右转机动车流量大，车头时距小于直行车辆的可接受间隙、右转机动车的车速较高，直行机动车会选择让行，此时，潜在的事故风险要求直行机动车必须在一定的时间和空间内制动至安全速度，此时，若直行机动车驶入冲突区时的速度越高，则直行机动车的减速度必须随之加大，才能保证安全，因此，在减速度大于 2 m/s^2 时，直行机动车的减速度与速度呈现正相关的关系。直行机动车驶入冲突区域时的速度非常大时，

减速度值也会异常的高，体现在司机的行为中即为急刹车，急刹车这一行为对于信号交叉口的秩序会起到负面的作用。

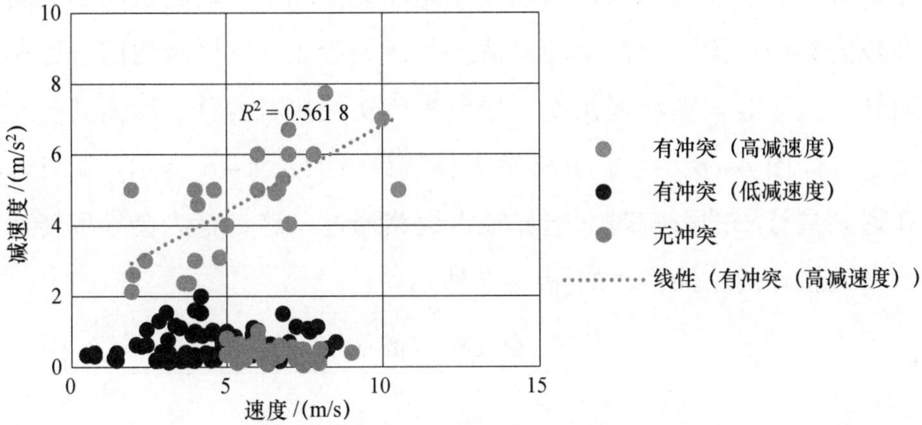

图 4－4　直行机动车速度－减速度散点图

表 4－4　直行机动车速度统计量

直行机动车速度	均值	方差	极小值	极大值
无冲突	6.62	0.74	5.00	9.00
有冲突	4.51	3.93	0.49	10.51

表 4－5　直行机动车减速度统计量

直行机动车减速度	均值	方差	极小值	极大值
无冲突	0.43	0.04	0.06	1.00
有冲突	1.32	2.62	0.14	7.73

2. 直行与右转机动车冲突下的轨迹特性

为说明右转机动车的轨迹特性，本书引入右转机动车的转弯半径这一概念，有冲突和无冲突情况下，右转机动车的转弯半径分布如图 4－5 所示。无冲突时，右转机动车的半径分布更为集中，对两种情况下的转弯半径样本求方差，显然，直行机动车与右转机动车的冲突导致右转机动车的转弯半径分布更加分散。根据对拍摄视频的观察，产生这一现象的主要原因有以下几点：第一，无冲突情况下，大部分右转机动车沿着转弯车道的方向前进，相同车型的车辆转弯轨迹相对一致，因此，在无冲突情况下，右转机动车的转弯半径分布较为集中；第二，在有冲突情况下，为避让冲突区域内的直行车辆，部分右转机动车会调整转弯角度，导致车辆轨迹向右偏移，因而其转弯半径也会变小，如图 4－6 所示，其转弯半径统计量如表 4－6 所示。第三，一些司机在遇到直行车的影响时，选择抢占道路通过，这一行为会导致转弯半径变大，车辆轨迹向左偏移。如图 4－7 所示。

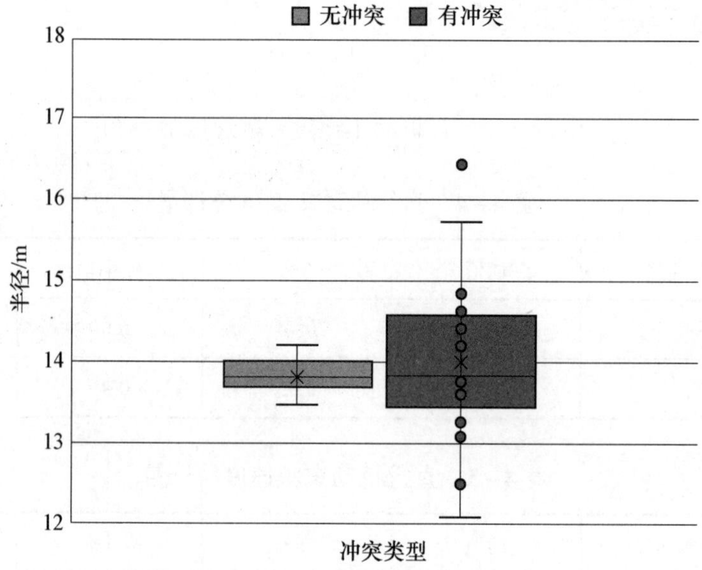

图 4－5　右转机动车的转弯半径分布

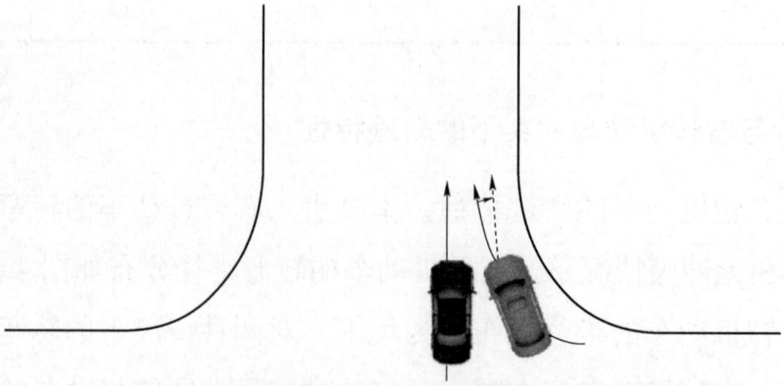

图 4－6　右转机动车轨迹向右偏移

表 4－6　右转机动车转弯半径统计量

右转半径	均值	方差	极小值	极大值
无冲突	13.84	0.06	13.46	14.19
有冲突	14.04	1.15	12.10	16.45

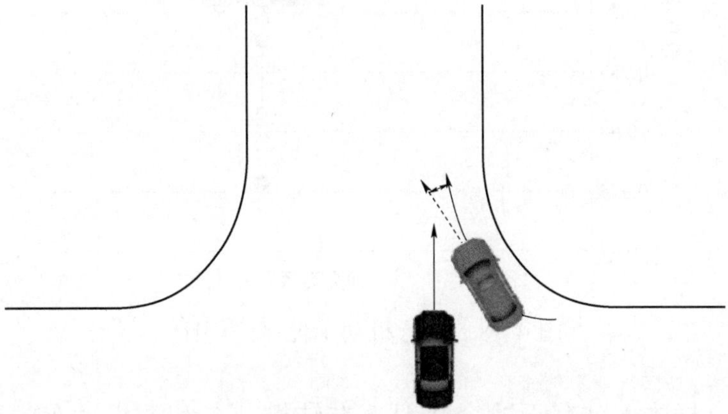

图 4－7　右转机动车轨迹向左偏移

为了描述直行机动车的轨迹，本书引入了位移路程比这一概念，位移路程比体现了直行交通体的横向偏移量。如表 4－7 所示。直行机动车有无冲突情况下位移路程比的分布如图 4－8 所示。显然，在无冲突情况下，大部分位移路程比值均接近于 1，说明在无冲突情况下，直行车的轨迹几乎不发生横向偏移。值得注意的是，有冲突时，冲突区域内直行车的位移路程比值分布更分散，分布在 0.99～1 的范围内，虽然也十分接近于 1，但相对无冲突情况下直行机动车还是发生了一定的横向偏移，也就是说，右转机动车的干扰在一定程度上影响了直行机动车的轨迹。

表 4－7　直行机动车位移路程比统计量

位移路程比	均值	方差	极小值	极大值
无冲突	0.99	0.00	0.99	1.00
有冲突	0.98	0.00	0.57	1.00

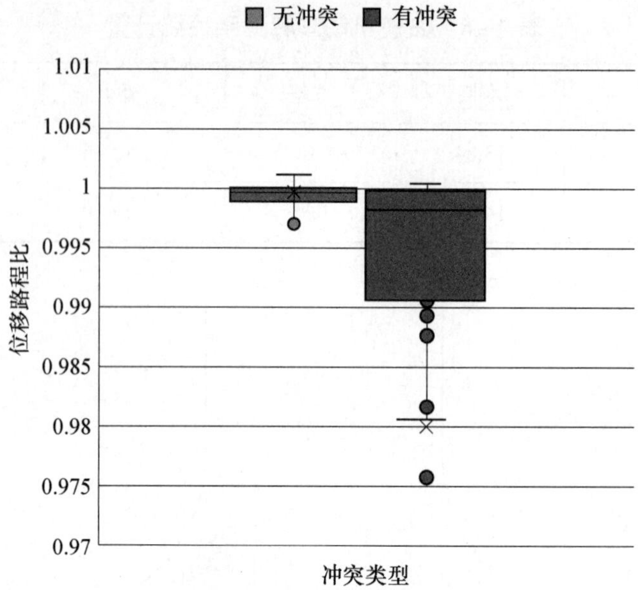

图 4-8　直行机动车位移路程比

采用独立样本 t 对有无冲突情况下右转机动车和非机动车的速度、减速度、轨迹进行检验，检验结果如表 4-8 所示。从 t 检验结果上看，冲突使得右转机动车的速度、减速度及直行机动车的速度、减速度、轨迹产生了显著的变化；t 检验结果显示右转机动车的转弯半径无显著改变，但是从方差上进行比较，可以发现冲突使得右转机动车转弯半径的分布更加分散。

表 4-8　直行机动车与右转机动车冲突区域交通特性独立样本 t 检验结果

车辆类型	均值		方差		显著性水平	显著改变
	无冲突	有冲突	无冲突	有冲突		
右转机动车	4.796	2.737	0.863	1.144	0.000	有
	2.274	0.806	0.816	0.831	0.000	有
	13.839	14.041	0.057	1.146	0.469	无
直行机动车	6.620	4.507	0.738	3.928	0.003	有
	0.429	1.324	0.035	2.615	0.000	有
	0.999	0.980	0.000	0.004	0.004	有

3. 左转与右转机动车冲突下的速度－减速度特性

无冲突时，右转机动车的速度分布在 4～6 m/s 的范围内，减速度主要分布在 0～4 m/s^2 的范围内；有冲突时，右转机动车的速度主要分布在 0～4 m/s 的范围内，减速度主要分布在 0～3 m/s^2 的范围内。如表 4－9 与表 4－10 所示。右转机动车的速度－减速度散点图如图 4－9 所示。

表 4－9　右转机动车速度统计量

右转机动车速度	均值	方差	极小值	极大值
无冲突	4.80	0.86	3.07	6.60
有冲突	2.17	0.77	0.70	4.03

表 4－10　右转机动车减速度统计量

右转机动车速度	均值	方差	极小值	极大值
无冲突	2.24	0.80	0.24	3.83
有冲突	1.12	1.51	0.23	5.80

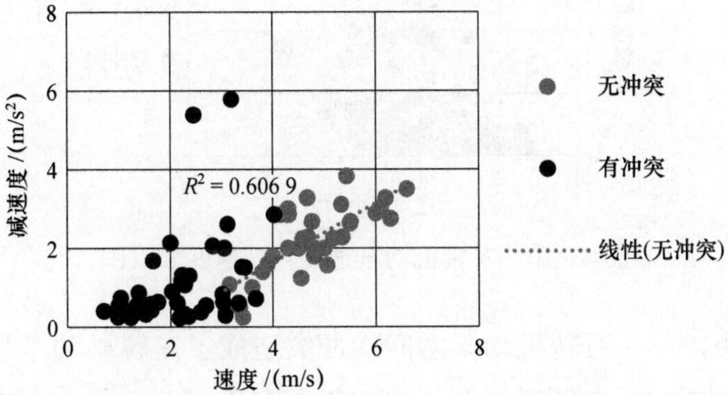

图 4－9　右转机动车速度－减速度散点图

无冲突时，左转机动车的速度分布在 4～6 m/s 的范围内，减速度主要分布在 0～2 m/s^2 的范围内，少部分车辆减速度分布在 2～8 m/s^2 的范围内；有冲突时，左转机动车的速度主要分布在2～6 m/s的范围内，减速度主要分布在0～2 m/s^{2}的范围内，同样有少部分车辆减速度分布2～8 m/s^{2}的范围内。如表4－11与表4－12所示。左转机动车的速度－减速度散点图如图4－10所示。

表4－11　左转机动车速度统计量

左转机动车速度	均值	方差	极小值	极大值
无冲突	4.966	0.968	3.000	7.320
有冲突	3.854	2.316	1.360	7.710

表4－12　左转机动车减速度统计量

左转机动车减速度	均值	方差	极小值	极大值
无冲突	1.91	3.64	0.14	7.28
有冲突	1.71	3.64	0.22	8.00

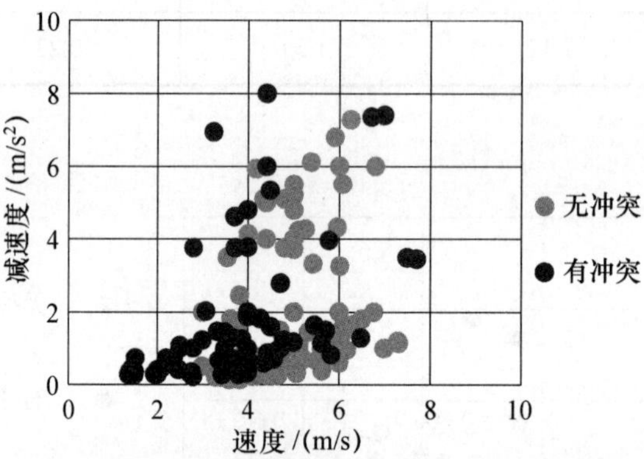

图4－10　左转机动车速度－减速度散点图

数据表明，左、右转机动车之间的冲突造成了左转机动车与右转机动车的速度下降。另外，右转机动车的减速度有所增加，这说明为了避免碰撞，右转机动车司机选择了更快速的制动甚至是急刹车，这一制动方式相对于缓慢的减速直至安全通过来说，容易导致追尾、刮蹭等事故，会对交叉口的秩序产生负面影响。在有冲突情况下，冲突区域内左转机动车减速度分布变化不明显，表明左转机动车司机虽然选择了更低的速度通过冲突区域，但仍以正常的减速度进行减速，且左转机动车速度的下降程度远低于右转机动车速度的下降程度。换言之，左转机动车与右转机动车在冲突区域内，右转机动车的速度、减速度所受冲突影响更大。

4. 左转与右转机动车冲突下的轨迹特性

右转机动车转弯半径统计量如表 4－13 所示。有、无冲突条件下的右转机动车转弯半径分布如图 4－11 所示。冲突后的右转机动车转弯半径具有以下特征：① 在冲突区域内右转机动车转弯半径均值明显变大；② 在冲突区域内右转机动车转弯半径分布更加分散。根据观察，造成这种变化的原因有以下几方面：第一，一般来说，与直行机动车不同，大部分左转机动车所走车道偏向道路中央，因此，不同于冲突所导致的轨迹更改，部分与左转机动车发生冲突的右转机动车本身的转弯半径偏大，换言之，不合理的右转弯轨迹导致了部分左、右转机动车的冲突。导致右转机动车以较大半径进行转弯的原因有很多，如司机操作不当、等待过街的行人占据右转车道空间等。第二，左转机动车由相交进口道驶入时，若选择了靠近道路边缘的行车道且左转机动车流大，或左转机动车速度较高时，部分右转机动车不再选择抢先通行的策略，其有效的道路空间更有可能被左转机动车占据，为了保证一定的安全距离，右转机动车的轨迹向道路边缘的方向偏移，从而导致其转弯半径减小；第三，由前两条原因可知，有冲突时，在冲突区域内右转机动车的轨迹发生偏移，并且，由于受左转机动车的位置、速度及司机生理、心理特征的影响，这一偏移又呈现一定的随机性，因此，有冲突时右转机动车的转弯半径分布更加分散。

表 4－13　右转机动车转弯半径统计量

右转机动车转弯半径	均值	方差	极小值	极大值
无冲突	13.81	0.06	13.40	14.20
有冲突	13.99	0.89	11.43	14.96

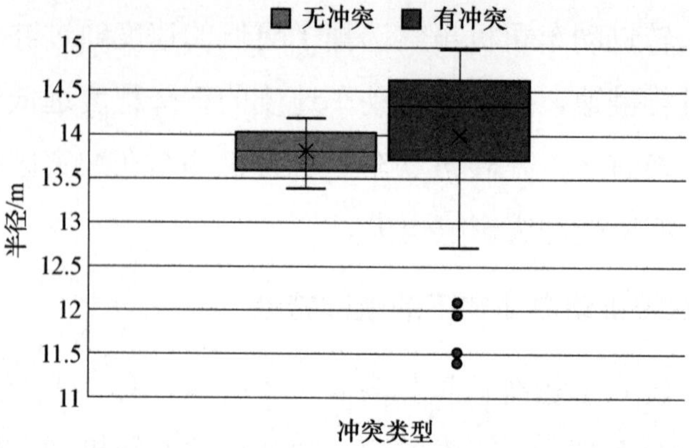

图 4-11　右转机动车转弯半径分布

作为非直行的车辆，转弯车辆的轨迹更可能受到交通冲突的影响，为了更好地描述左转车辆的轨迹，本书引入了左转车辆的转弯半径，冲突前后左转车辆的转弯半径分布如图 4-12 所示。显然，存在左、右转机动车冲突时，左转机动车的转弯半径分布更加分散。与冲突区域内右转机动车类似，司机在进行左转弯时，遇到可能对自己的驾驶产生影响的右转机动车，会选择抢占道路或避让以保证安全通过，若司机选择抢占道路，则其轨迹会向右偏移，从而使得转弯半径增大；若其选择避让，则其轨迹会向左偏移，转弯半径减小。表 4-14 所示为左转机动车转弯半径统计量。

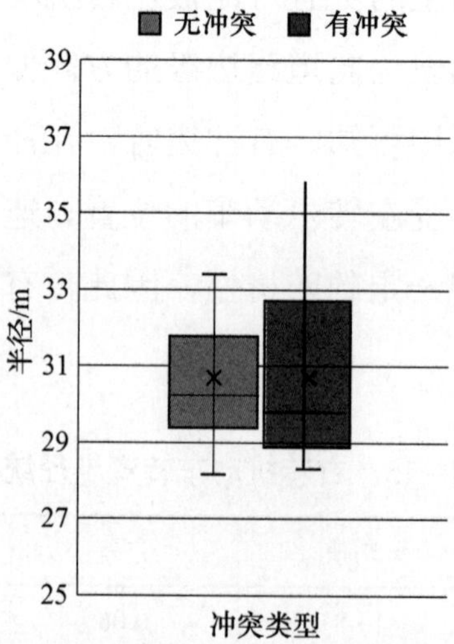

图 4-12　左转机动车转弯半径分布

表 4-14　左转机动车转弯半径统计量

左转机动车转弯半径	均值	方差	极小值	极大值
无冲突	30.70	2.29	28.21	33.44
有冲突	30.82	4.58	28.33	35.90

采用独立样本 t 对有、无冲突情况下右转机动车和左转非机动车的速度、减速度、转弯半径进行检验，检验结果如表 4-15 所示。显然，左转非机动车和右转机动车的速度发生了显著的变化，右转机动车的减速度改变得也较为显著。从方差上的变化来看，冲突使得左转机动车和右转机动车转弯半径的分布更加分散。

表 4-15　左转机动车与右转机动车在冲突区域交通特性独立样本 t 检验结果

车辆类型	特性	均值		方差		显著性水平	显著改变
		无冲突	有冲突	无冲突	有冲突		
右转机动车	速度/（m/s）	4.80	2.17	0.86	0.77	0.00	有
	减速度/（m/s^2）	2.24	1.12	0.80	1.51	0.00	有
	转弯半径/m	13.81	13.99	0.06	0.89	0.24	无
左转机动车	速度/（m/s）	4.97	3.85	0.97	2.32	0.00	有
	减速度/（m/s^2）	1.91	1.71	3.64	3.64	0.48	无
	转弯半径/m	30.70	30.82	2.29	4.58	0.79	无

5. 右转机动车与直行行人/非机动车冲突区域

四相位信号交叉口无右转机动车专用相位，因此，过街行人、电动自行车、自行车放行时，可能与右转机动车产生冲突，从而导致四类交通流一系列交通特性的改变。

1）右转机动车与直行行人/非机动车冲突下的速度-减速度特性

右转机动车的速度-减速度散点图如图 4-13 所示。无冲突时，右转机动车的速度分布在 4～6 m/s 的范围内，减速度主要分布在 0～4 m/s^2 的范围内；与行人或非机动车冲突时，右转机动车的速度主要分布在 0～3 m/s 的范围内，减速度主要分布在 0～4 m/s^2 的范围内，但有少部分右转机动车与行人冲突时减速度较高，达到了 6～8 m/s^2。如表 4－16 与表 4－17 所示。

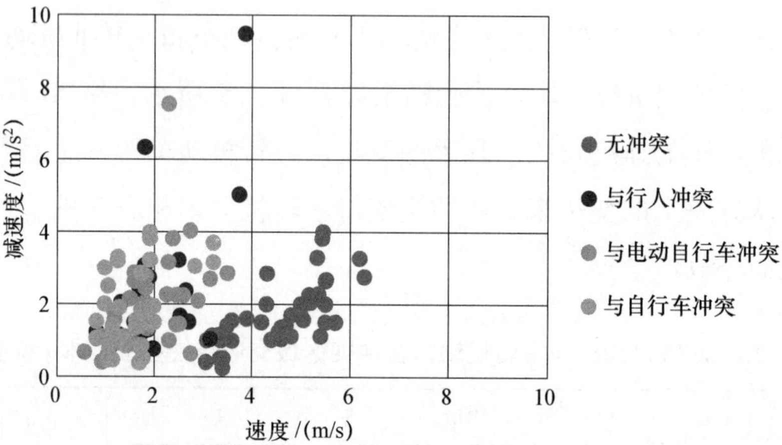

图 4－13　右转机动车速度－减速度散点图

表 4－16　右转机动车速度统计量

右转机动车速度	均值	方差	极小值	极大值
无冲突	4.80	0.86	3.07	6.60
有冲突	2.03	0.88	0.59	6.94

表 4－17　右转机动车减速度统计量

右转机动车减速度	均值	方差	极小值	极大值
无冲突	2.27	0.82	0.24	3.83
有冲突	2.07	2.00	0.41	7.55

行人的速度－减速度散点图如图 4－14 所示。无冲突时，行人的速度分布在 1.5～2.5 m/s 的范围内，减速度主要分布在 0.5～3 m/s^2 的范围内；有冲突时，行人的速度主要分布在 1～2 m/s 的范围内，减速度主要分布在 0.5～3 m/s^2

的范围内。如表 4－18 与表 4－19 所示。

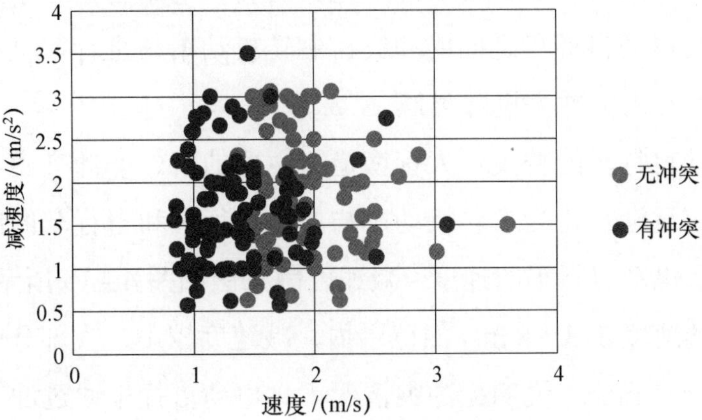

图 4－14　行人速度－减速度散点图

表 4－18　行人速度统计量

行人速度	均值	方差	极小值	极大值
无冲突	1.89	0.14	1.30	3.60
有冲突	1.36	0.16	0.84	3.10

表 4－19　行人减速度统计量

行人减速度	均值	方差	极小值	极大值
无冲突	1.83	0.45	0.63	3.06
有冲突	1.69	0.37	0.57	3.50

对北京九龙山地铁站旁交叉口与右转机动车冲突的过街行人进行观察，发生冲突时，由于右转机动车的干扰，行人速度显著下降，为了安全，部分行人存在长时间停滞不前的现象，速度接近于 0。值得注意的是，在有冲突的情况下，仍有部分行人的速度偏大，超过了 2.5 m/s，根据观察，出现这样的速度值是因为部分行人在过街时，若机动车的速度相对较小时，行人会加快速度抢先通过，但总体上来说，右转机动车与行人之间的冲突还是造成了行

人速度的下降。

右转机动车与直行非机动车冲突包括右转机动车与自行车之间的冲突及右转机动车与电动自行车之间的冲突，右转机动车与直行非机动车的冲突机理跟其与直行行人的冲突机理类似。

随着电动自行车的普及，人行横道上主要的机、非冲突由右转机动车与自行车的冲突逐渐转化为右转机动车与电动自行车和自行车的冲突，有、无冲突下的直行电动自行车的速度－减速度散点图如图 4－15 所示。无冲突时，电动自行车的速度在 3～8 m/s 的范围内，减速度较小，大部分电动自行车的减速度不大于 1 m/s^2，说明无冲突情况下，电动自行车通过冲突区域时不会有明显的减速；有冲突时，电动自行车的速度主要集中在 1～3 m/s 的范围内，冲突降低了直行电动自行车的速度，但也有部分电动自行车的速度仍然较高，达到了 6～8 m/s，减速度有所上升，在 0～3 m/s^2 的范围内，说明有冲突时，电动自行车采取了较为明显的制动措施以避免事故。如表 4－20 与表 4－21 所示。

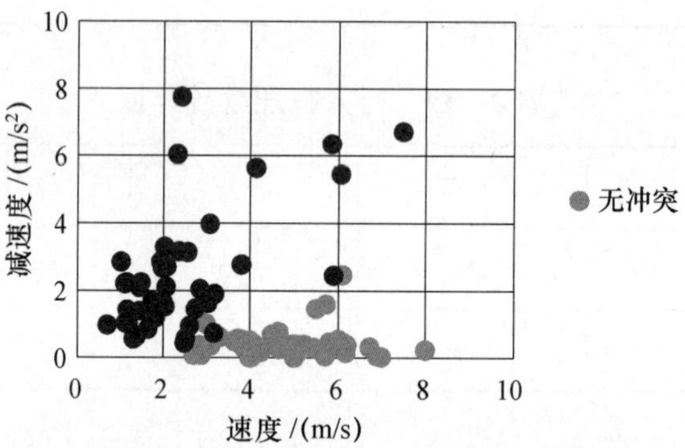

图 4－15　电动自行车速度－减速度散点图

表 4－20　电动自行车速度统计量

电动自行车速度	均值	方差	极小值	极大值
无冲突	4.78	1.25	2.70	8.00
有冲突	2.29	1.18	0.71	7.49

表 4－21　电动自行车减速度统计量

电动自行车减速度	均值	方差	极小值	极大值
无冲突	0.34	0.11	0.01	2.46
有冲突	2.43	3.51	0.44	7.76

有、无冲突下的直行自行车的速度－减速度散点图如图 4－16 所示。无冲突时，自行车的速度在 3～4 m/s 的范围内，减速度分布在 0～2 m/s^2 的范围内；有冲突时，自行车的速度下降，主要集中在 1～3 m/s 的范围内，减速度有所上升，在 0～3 m/s^2 的范围内波动。如表 4－22 与表 4－23 所示。部分自行车的减速度较高，达到了 5 m/s^2 以上，说明有冲突时，这部分自行车采取了较为明显的制动措施以避免事故。

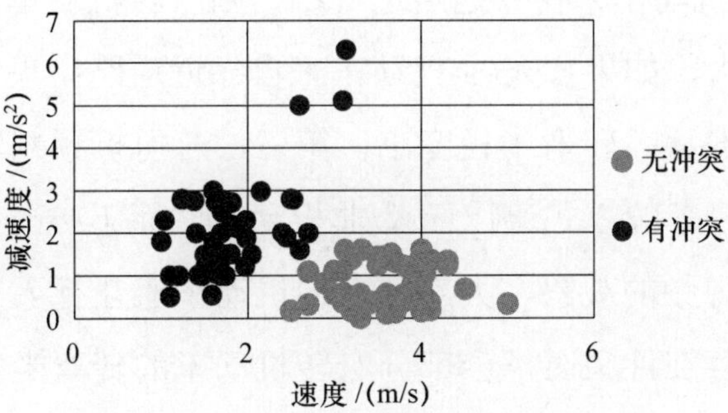

图 4－16　自行车速度－减速度散点图

表 4－22　自行车速度统计量

自行车速度	均值	方差	极小值	极大值
无冲突	3.63	0.25	2.50	5.00
有冲突	1.78	0.25	1.00	3.14

表 4－23　自行车减速度统计量

自行车减速度	均值	方差	极小值	极大值
无冲突	0.81	0.25	0.01	1.60
有冲突	2.10	1.26	0.50	6.30

2）右转机动车与直行行人/非机动车冲突下的轨迹特性

有、无冲突情况下，右转机动车的转弯半径分布图如图 4－17 所示。无冲突时，右转机动车的半径分布更为集中，对两种情况下的转弯半径样本求方差，显然，行人/非机动车与右转机动车的冲突导致右转机动车的转弯半径分布更加分散。根据对拍摄视频的观察，产生这一现象的主要原因有以下几点：第一，在无冲突情况下，大部分右转机动车沿着转弯车道的方向前进，相同车型的车辆转弯轨迹相对一致，因此，在无冲突情况下，右转机动车的转弯半径分布较为集中；第二，在有冲突情况下，若司机尚未减速到安全速度而机动车和行人/非机动车之间的距离已经小于司机制动到安全速度所需的制动距离时，右转机动车司机采用改变前进方向的方式避让行人/非机动车，如果行人/非机动车来自靠近路边一侧，则右转机动车轨迹会偏向道路中央，转弯半径变大，如果行人/非机动车来自靠近道路中央一侧，则右转机动车轨迹会向路边偏移，转弯半径变小；第三，若司机预判较为提前，则可以直接通过减速或停车的方式避让行人/非机动车，而不必改变前进的方向，而事实上，根据对视频的观察，大部分右转机动车避让行人的方式以减速或停车为主，因此，存在冲突时，一部分右转机动车的转弯半径较之无冲突情况下的转弯半径改变并不明显。如表 4－24 所示。

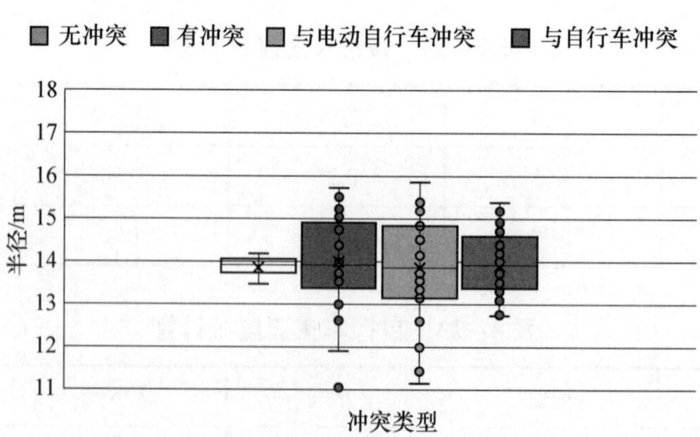

图 4－17　右转机动车转弯半径

表 4-24　右转机动车转弯半径统计量

右转半径	均值	方差	极小值	极大值
无冲突	13.84	0.06	13.46	14.19
有冲突	13.95	1.23	11.40	15.70

为了说明行人的轨迹变化，本书引入位移路程比这一值，有、无冲突情况下，行人的位移路程比分布如图 4-18 所示。无冲突时，行人的位移路程比值主要分布在 0.8～1，而有冲突时，行人的位移路程比值主要分布在 0.6～0.9 的范围内，且分布更加分散。显然，右转机动车与行人之间的冲突导致了行人轨迹的显著改变，行人轨迹产生了严重的横向波动，根据对视频的观察，产生这一结果的主要原因有两个：第一，行人预感到或已经感觉到右转机动车侵入其安全空间时，在减速或停下的同时，部分行人出于对自我的保护，会选择后退；第二，行人预感到右转机动车即将与自己产生冲突时，若右转机动车速度不大，或者司机提前采取了减速措施，部分行人会冒险加速从车头前绕过去；第三，部分行人虽然没有抢道绕过机动车车头过街，但会在右转机动车刚开始驶离冲突点时就开始过街，此时，机动车的尾部可能会阻碍

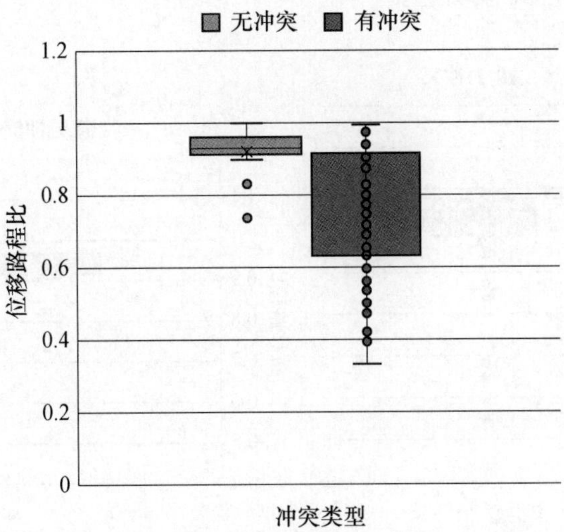

图 4-18　行人位移路程比

行人的直行，因此，行人会选择从车尾后方绕过去。第一种方式虽没有导致行人轨迹的横向波动，但是也延长了行人的实际路程，而后两种方式则是导致了行人轨迹的横向波动，从而增大了行人的位移路程比值。如表 4－25 所示。

表 4－25　行人位移路程比统计量

行人位移路程比	均值	方差	极小值	极大值
无冲突	0.92	0.00	0.74	1.00
有冲突	0.76	0.03	0.33	0.99

电动自行车有、无冲突的位移路程比分布如图 4－19 所示。无冲突情况下，该值分布集中，且趋近于 1，即无冲突时，大部分电动自行车的轨迹基本上为直线，冲突使得电动自行车的位移路程比下降且分布更加分散。自行车有无冲突的位移路程比分布如图 4－20 所示，在无冲突情况下，该值分布在 0.9～1 的范围内；冲突使得自行车的位移路程比下降，但方差变化不明显。显然，冲突使得电动自行车和自行车的轨迹产生了横向偏移。表 4－26 所示为非机动车位移路程比统计量。

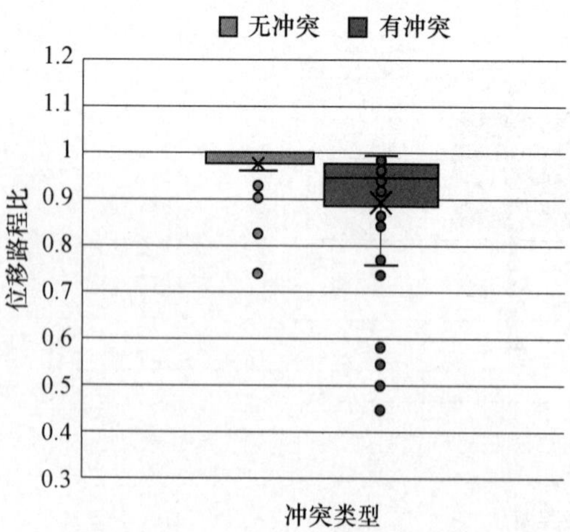

图 4－19　电动自行车位移路程比

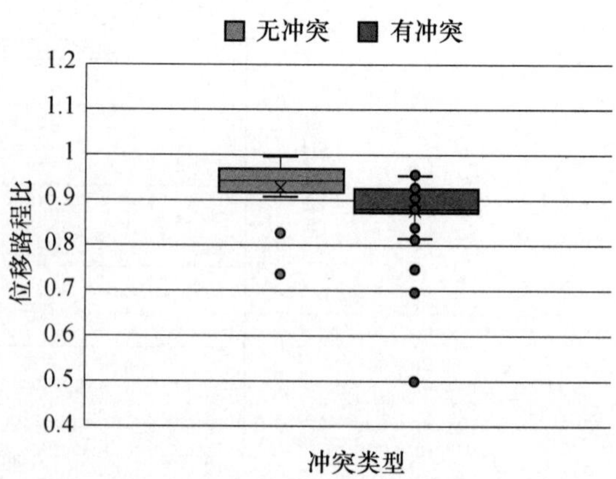

图 4－20　自行车位移路程比

表 4-26 非机动车位移路程比统计量

电动自行车位移路程比	均值	方差	极小值	极大值
无冲突	0.98	0.00	0.74	1.00
有冲突	0.89	0.02	0.45	1.00
自行车位移路程比	均值	方差	极小值	极大值
无冲突	0.93	0.00	0.74	1.00
有冲突	0.88	0.00	0.50	0.96

采用独立样本 t 对有、无冲突情况下右转机动车和行人/非机动车的速度、减速度、轨迹进行检验，检验结果如表 4-27 所示。显然，右转机动车的速度、行人的速度、轨迹及非机动车的速度、减速度、轨迹都发生了显著的变化，从方差上看，冲突使得右转机动车的转弯半径分布更加分散。

表 4-27 行人/非机动车与右转机动车冲突区域交通特性独立样本 t 检验结果

车辆类型	特性	均值		方差		显著性水平	显著改变
		无冲突	有冲突	无冲突	有冲突		
右转机动车	速度/（m/s）	4.80	2.03	0.86	0.88	0.00	有
	减速度/（m/s^2）	2.27	2.07	0.82	2.00	0.38	无
	转弯半径/m	13.84	13.95	0.06	1.23	0.78	无
行人	速度/（m/s）	1.89	1.35	1.14	0.16	0.00	有
	减速度/（m/s^2）	1.83	1.69	0.45	0.37	0.12	无
	转弯半径/m	0.92	0.76	0.00	0.03	0.00	有
电动自行车	速度/（m/s）	4.78	2.29	1.25	1.18	0.00	有
	减速度/（m/s^2）	0.34	2.43	0.11	3.51	0.00	有
	位移路程比	0.98	0.89	0.00	0.02	0.00	有
自行车	速度/（m/s）	3.63	1.78	0.25	0.25	0.00	有
	减速度/（m/s^2）	0.81	2.10	0.25	1.26	0.00	有
	位移路程比	0.93	0.88	0.00	0.01	0.00	有

6. 左转非机动车与右转机动车冲突区域

四相位信号交叉口左转相位下，部分电动自行车会随着左转机动车流进行左转，从而与右转机动车产生横穿冲突。

1）*左转非机动车与右转机动车冲突下的速度－减速度特性*

右转机动车的速度－减速度散点分布如图 4－21 所示。无冲突时，右转机动车的速度分布在4～6 m/s的范围内，减速度主要分布在0～4 m/s^{2}的范围内；有冲突时，右转机动车的速度主要分布在 2～4 m/s 的范围内，减速度同样主要分布在 0～4 m/s^2 的范围内，但减速度的分布更加分散，部分右转机动车的减速度达到了 4 m/s^2 以上，如表 4－28 与 4－29 所示。无冲突时，所有右转机动车的减速度的方差为 0.82，而有冲突时，方差上升为 2.68。

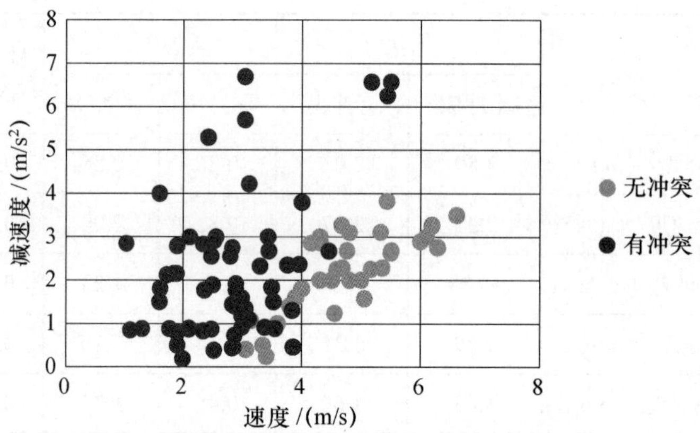

图 4－21　右转机动车速度－减速度散点图

表 4－28　右转机动车速度统计量

右转机动车速度	均值	方差	极小值	极大值
无冲突	4.79	0.86	3.07	6.60
有冲突	2.82	0.87	1.02	5.50

表 4－29　右转机动车减速度统计量

右转机动车减速度	均值	方差	极小值	极大值
无冲突	2.27	0.82	0.24	3.83
有冲突	2.20	2.68	0.19	6.70

左转非机动车的速度－减速度散点分布如图 4－22 所示。无冲突时，非机动车的速度分布在 2～6 m/s 的范围内，减速度主要分布在 0～2 m/s^2 的范围内；有冲突时，非机动车的速度主要分布在 2～4 m/s 的范围内，减速度主要分布在 0～3 m/s^2 的范围内，部分左转非机动车的减速度达到了 4 m/s^2 以上，减速度有明显的上涨。如表 4－30 所示。减速度的分布也更加分散，如表 4－31 所示，无冲突时，所有左转非机动车的减速度的方差为 0.09，而有冲突时，方差上升为 2.02。

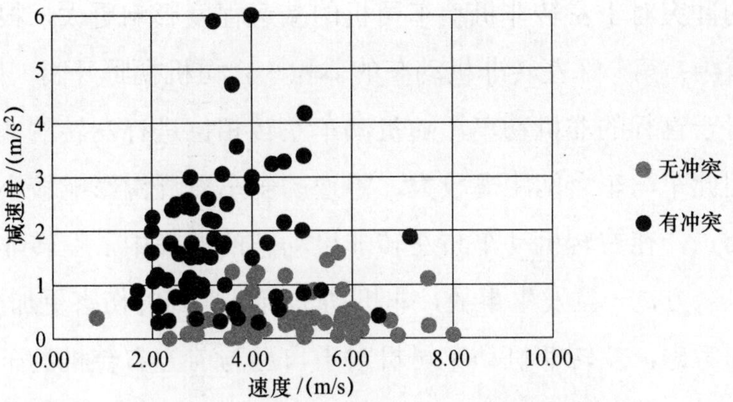

图 4－22　非机动车速度－减速度散点图

表 4－30　左转非机动车速度统计量

左转非机动车速度	均值	方差	极小值	极大值
无冲突	4.43	1.22	0.88	8.00
有冲突	3.29	1.13	1.65	7.15

表 4-31 左转非机动车减速度统计量

左转非机动车减速度	均值	方差	极小值	极大值
无冲突	0.41	0.09	0.01	1.59
有冲突	1.87	2.02	0.30	8.22

由统计数据可知，右转机动车与左转非机动车的冲突导致了双方速度的下降，但是有部分左转非机动车的速度并未显著降低，根据观察，这是由于在部分冲突中，存在着部分左转非机动车司机驾驶态度更加激进，尤其是与之冲突的右转机动车速度较低时，有加速抢先通过的行为。

同时，在冲突时，视频中的右转机动车与左转非机动车中，都出现了减速度偏大的个体，这说明，冲突引起了部分右转机动车和左转非机动车短时间内大幅度的减速。但是，大部分的右转机动车减速度并没有大幅度的上升，但左转非机动车的减速度呈现出了整体上升的趋势，可知右转机动车和左转非机动车的冲突对于左转非机动车司机的减速程度影响更大，根据观察，主要有以下原因：第一，左转非机动车的体积小，司机视野开阔，反应时间短，同时，相对于直行的非机动车，随机动车左转相位进行左转的非机动车成群性较弱，因此车与车之间距离较大，急速的刹车对周围影响较小，加减速更为灵活；第二，在右转机动车与左转非机动车的冲突中，左转非机动车处于明显的弱势一方，一旦发生事故，非机动车司机受到的伤害更加严重，因此，出于安全的考虑，左转非机动车司机对于自己与前方右转机动车存在的相撞风险更加敏感，刹车的速度也会更快。

2）*左转非机动车与右转机动车冲突下的轨迹特性*

右转机动车转弯半径分布如图 4-23 所示。在无冲突情况下，右转机动车的转弯半径主要分布在 12～14 m 的范围内，而在有冲突情况下，转弯半径的分布范围扩大，主要在 12～15 m 的范围内，同时出现了少量转弯半径小于 10 m 的车辆，如表 4-32 所示。但均值变化不明显，根据视频观察，产生这一现象的原因有以下几点：第一，当右转机动车流的车头时距可以让左转非机动车穿越时，左转非机动车个体或车群完成穿越后，会占用部分右转机动车的正常行驶空间，导致右转机动车轨迹向外偏移，转弯半径增大；第二，当右转机动车流的车头时距不足以让左转非机动车穿越，但如果左转非机动车停车或减速等待时距离右转机动车过近，或右转机动车数量较多形成了车群，占用了右转机动车司机左侧的安全行驶空间，则右转机动车轨迹会产生向内偏移，右转机动车转弯半径减小。

表4-32　右转机动车转弯半径统计量

右转机动车转弯半径	均值	方差	极小值	极大值
无冲突	13.00	2.20	10.03	15.99
有冲突	13.54	4.17	9.97	18.44

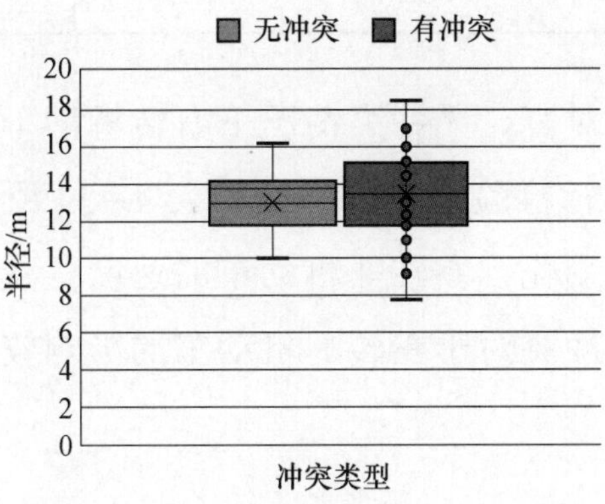

图4-23　右转机动车转弯半径分布

左转非机动车转弯半径分布如图4-24所示。在无冲突情况下，左转非机动车的转弯半径主要分布在40～46 m的范围内，而在有冲突情况下，转弯半径略有上涨，主要在 42～46 m 的范围内。变化不明显。如表4-33所示。

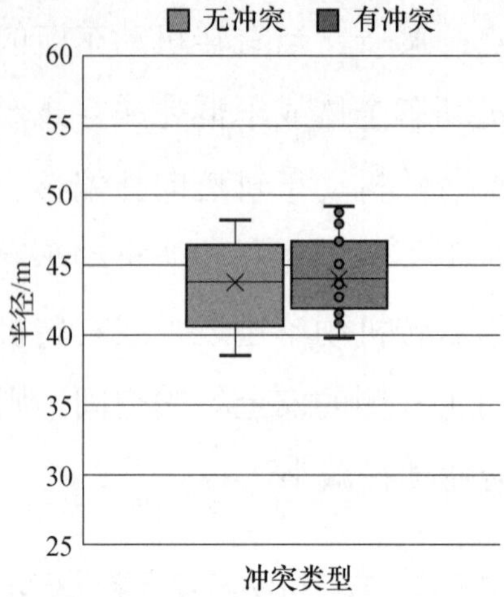

图 4－24　左转非机动车转弯半径分布

表 4－33　左转非机动车转弯半径统计量

左转非机动车转弯半径	均值	方差	极小值	极大值
无冲突	43.62	10.78	38.61	48.31
有冲突	44.22	7.39	40.00	49.21

采用独立样本 t 对有、无冲突情况下右转机动车和左转非机动车的速度、减速度、轨迹进行检验，检验结果如表 4－34 所示。显然，右转机动车速度发生了显著的变化，左转非机动车的速度、减速度均发生了显著的变化，由此也可知，冲突对于左转非机动车的影响较大，对于右转机动车的影响相对较小。

表 4－34　右转机动车与左转非机动车冲突区域交通特性独立样本 t 检验结果

车辆类型	特性	均值		方差		Sig.	显著改变
		无冲突	有冲突	无冲突	有冲突		
右转机动车	速度/（m/s）	4.79	2.82	0.86	0.87	0.000	有
	减速度/（m/s^2）	2.28	2.20	0.82	2.68	0.82	无
	转弯半径/m	13.00	13.54	2.20	4.17	0.29	无

续表

车辆类型	特性	均值		方差		Sig.	显著改变
		无冲突	有冲突	无冲突	有冲突		
左转非机动车	速度/（m/s）	4.43	3.29	1.22	1.13	0.00	有
	减速度/（m/s^2）	0.41	1.87	0.09	2.02	0.00	有
	转弯半径/m	43.62	44.22	10.78	7.39	0.60	无

4.9　混合交通特性的改进

1. 重视城市交通规划，有条件的城市可修建独立自行车道系统

在道路密度大且有次要道路可以利用的地区或是在大规模改建或新建城市，在制定交通规划中可以考虑建设独立的自行车道路系统。这种路网结构将为自行车和机动车提供互不重叠的路网系统，彻底消除了混合交通存在的安全问题及由此导致的干扰问题。通过开辟自行车专用路、优先路，建立自行车与公共交通换乘体系等措施，为城区居民出行创造良好的骑行条件。

2. 机动车、自行车的空间分离

在没有条件建设独立的自行车道系统的地区，要尽量做到机动车、自行车的空间分离，且两种车道之间有实物分隔，增加驾驶员的安全感，从而减少干扰，提高通行能力。机动车与自行车间的相互影响主要发生在无分割带的路段、平交路口。在自行车流量大的路段可考虑修建机动车、非机动车分行道；在路口上，可以采用交通渠化或简易立交的方法，让机动车、自行车分流行驶在不同的空间。如图 4－25 所示。

图 4-25　机动车、自行车的空间分离

3. 机动车、自行车的时间分离

在平交路口，还可以通过交通信号控制，实现机动车、自行车的时间分离，用较少的投资达到增加通行能力的目的。如图 4-26 所示。实行多相位制有利于从时间上分离交通流，降低干扰程度。另外，还可以采取将机动车停车线前移、自行车停车线后置的方法，缩短机动车的路口距离，增加非机动车路口距离，使机动车、非机动车在不同的地点启动，从而在不同的时间通过路口，提高了通行能力。

图 4-26　机动车、自行车的时间分离

第 5 章

信号交叉口混合交通流秩序度研究

5.1 混合交通流秩序度

交叉口是两个方向道路的交汇点，具有交叉口“时间”和“空间”两类资源。交叉口时空资源合理分配是交叉口有序运行的重要保障，也是交叉口信号控制策略优化的精髓。

信号交叉口的时间资源，指的是整个交叉口的运行总时间，单位时间内通过交叉口的交通流量越大，时间资源的利用率越高，提高时间资源的利用率可以从两个方面着手，一是提高绿信比，二是较少不同方向交通流之间的冲突，使各股交通流有序通过。

信号交叉口的空间资源，指的是整个交叉口混合交通的有效通行面积。单位有效通行面积有序交通体数量越大，交叉口的空间资源利用率越高，不同方向的道路在交叉口处交汇，势必会造成混合交通共同使用交叉口的有效通行面积，各股交通流在交叉口内产生多个冲突区域，这样的冲突会导致交通体运动特性异常，从而减少单位有效通行面积内的交通体个数。提高信号交叉口空间资源利用可以通过优化信号控制相位相序，减少混合交通流的冲突区域来实现。

从时间资源与空间资源的定义可以看出：合理有序的交通流可以最大化

地利用信号交叉口的时空资源。信号交叉口混合交通流的秩序与信号交叉口时空资源的利用之间呈现正相关的关系，因此可以归纳城市信号交叉口混合交通流秩序度的定义：从信号交叉口时空资源合理利用角度，描述行人、非机动车及机动车在“时间资源”和“空间资源”利用上的有序程度，影响时间资源利用的主要因素是各个交通体的速度和加速度，而影响空间资源使用的则主要是各个交通体的轨迹。速度、加速度越贴近于无冲突状态下的数值，说明交通体时间资源利用的有序程度越高，轨迹越贴近于无冲突下的数值，说明交通体的空间利用有序程度越高。换言之，信号交叉口混合交通流的秩序度主要受各个冲突区域的混合交通流之间的冲突的影响，冲突数量越少，冲突严重程度越低，则秩序度越高。

5.2 信号交叉口混合交通流秩序度影响因素分析

1. 速度

在交通冲突中，车辆或行人速度的改变通常十分明显，在已有研究中，速度被广泛应用在交通事故严重程度的评估中，Aliaksei Laureshyn 等人在评估交通冲突严重程度时引入了速度变化量的概念，公式如下：

$$\Delta = v_o - v$$

式中：Δ——速度变化量；

v_o——交通体进入潜在冲突区域时的初速度；

v——交通体达到冲突点时的速度。

根据前文分析，信号交叉口的混合交通流之间的冲突对各个交通流的速度均产生了显著的影响，在技术层面上，交通体的速度的采集相对容易，因此，选取速度为信号交叉口秩序度的评价指标之一。

2. 减速度

根据前文分析，混合交通流在信号交叉口的冲突对交通个体的减速度产生了影响，而交通冲突也影响着信号交叉口混合交通流的秩序，也就是说，一定程度上减速度的改变可以表示信号交叉口混合交通流的秩序度，但是，司机在刹车时产生的减速度除了受冲突方的影响外，还受到多种因素的影响，包括司机自身的性格特征、性别、年龄及车辆参数；自行车或电动自行车的使用者的减速度同样受上述因素的影响，而行人的减速度则受到行人个人特质的影响。因此减速度虽然可以在一定程度上体现交叉口混合交通流的秩序，但并不十分客观和准确，故不是理想的信号交叉口秩序度评价指标。

3. 交通体轨迹

混合交通流之间的冲突导致了交通体轨迹的偏移，对于直行交通体来说，这一改变体现在其轨迹的横向波动上，体现在数值上就是交通体横向位移的值增大，交通体的实际路程与其在交叉口内起、终点之间的欧氏距离，即位移的比值可以说明这一波动的程度；对于转弯的交通体来说，转弯半径大小的变化可以表征其轨迹由于交通冲突所产生的变化。

综上所述，选定交通体的速度、轨迹作为信号交叉口混合交通流秩序度的评价指标。

5.3　单个交通流秩序度分析

5.3.1　单个交通流秩序度计算方法

在计算整个信号交叉口混合交通流的秩序度之前，首先要计算单个交通流的秩序度。通过前文的指标选取，本书以交通体的速度偏移量和轨迹偏移

量作为计算秩序度的两个变量，在一个信号周期下，单个交通流 L 秩序度的计算公式为

$$\gamma_{\mathrm{L}} = \mathrm{e}^{-(\Delta\overline{v_{\mathrm{L}}}+\Delta\overline{r_{\mathrm{L}}})}$$

式中：

γ_{L} ——交通流 L 的秩序度；

$\Delta\overline{v_{\mathrm{L}}}$ ——一个信号周期内，交通流 L 中每个交通体的速度偏移量的平均值；

$\Delta\overline{r_{\mathrm{L}}}$ ——一个信号周期内，交通流 L 中每个交通体的轨迹偏移量的平均值。

$\Delta\overline{v_{\mathrm{L}}}$ 、$\Delta\overline{r_{\mathrm{L}}}$ 可由下式计算：

$$\Delta\overline{v_{\mathrm{L}}} = \frac{1}{n}\sum_{i=1}^{n}\Delta v_{\mathrm{L}i}$$

$$\Delta\overline{r_{\mathrm{L}}} = \frac{1}{n}\sum_{i=1}^{n}\Delta r_{\mathrm{L}i}$$

式中：

$\Delta v_{\mathrm{L}i}$ ——一个信号周期内，交通流 L 中第 i 个交通体的速度偏移量的值；

$\Delta r_{\mathrm{L}i}$ ——一个信号周期内，交通流 L 中第 i 个交通体的轨迹偏移量的值；

n ——一个信号周期内，交通流 i 中单个交通体的数量。

Δv 、Δr 的确定方式由表 5-1 所示。其中，Δr 对于转弯车辆来说，为转弯半径的偏移量 ΔR，对于直行车辆或行人来说，则为轨迹的横向偏移量，用位移路程比 ΔD 来表示。R_{STD} 为转弯半径的参考标准值，V_{STD} 为速度的参考标准值。参考标准值由第 4 章无冲突下各个交通流运动特征参数的平均值确定。

表 5-1　交通特性变化率计算方法

交通特性	变化率
转弯半径	$\Delta R = \left\lvert\frac{R - R_{\mathrm{STD}}}{R_{\mathrm{STD}}}\right\rvert$
位移路程比	$\Delta D = \left\lvert\frac{D-1}{1}\right\rvert$
速度	$\Delta v = \left\lvert\frac{V - V_{\mathrm{STD}}}{V_{\mathrm{STD}}}\right\rvert$

5.3.2　单个交通流秩序度分析

对 8:00—18:00 期间每一小时内随机抽取 10 个周期进行单个交通流秩序度计算，每一类交通流获得 100 组数据。

直行机动车流秩序度值分布如图 5－1 所示，对数据进行正态分布验证，显著性水平大于 0.05，根据显著性检验可知，当显著性水平为 0.05 时，若单样本检验的拟合概率值大于显著性水平，则不能拒绝零假设，认为拟合效果较好；若拟合概率值小于显著性水平，则拒绝零假设，认为拟合效果不好。本章中样本数为 100，采用 Kolmogorov－Smirnova 统计量，由表 5－2 可知，正态分布的拟合概率值为 0.200，大于显著性水平 0.05，因此，可以认为直行机动车流秩序度值分布与正态分布的拟合效果较好，直行机动车流秩序度值分布服从正态分布。

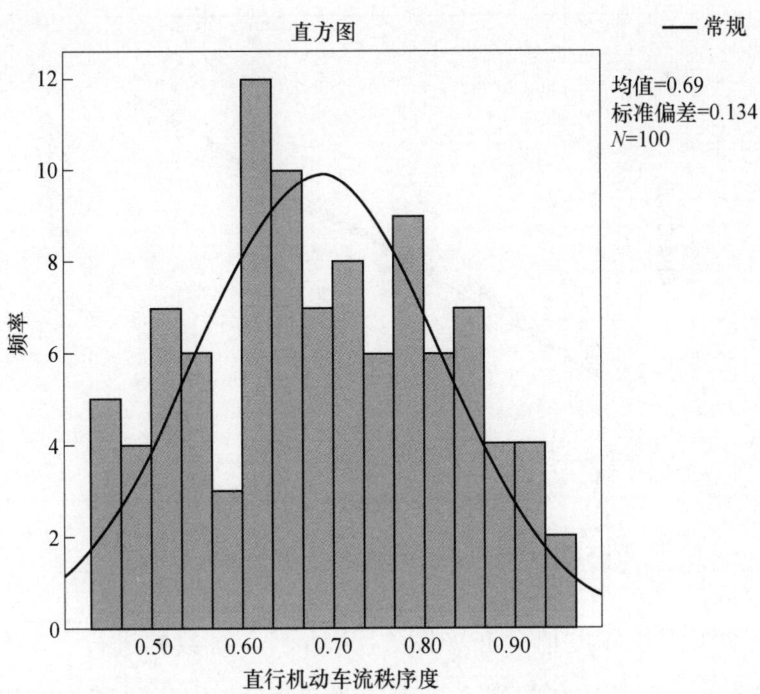

图 5－1　直行机动车流秩序度值分布

表 5-2　直行机动车流秩序度值正态性检验

Kolmogorov-Smirnova			Shapiro-Wilk		
统计量	自由度	显著性水平	统计量	自由度	显著性水平
0.071	100	0.200	0.975	100	0.056

对样本进行参数检验，由表 5-3 可知，该交通流秩序度值样本的峰度值为-0.880，偏度值为 0.033，绝对值均小于 1，直行机动车流秩序度值近似服从正态分布。如图 5-2 所示。

表 5-3　直行机动车流秩序度值参数检验

统计量	值
均值	0.686
偏度	0.033
峰度	-0.880

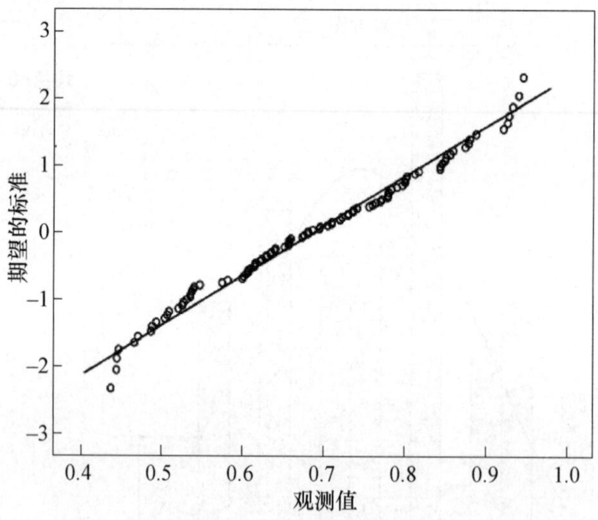

图 5-2　直行机动车流秩序度值 $Q-Q$ 图

右转机动车流秩序度值分布如图 5-3 所示，对数据进行正态分布验证，如表 5-4 所示。正态分布的拟合概率值为 0.200，大于显著性水平 0.05，因此，可以认为右转机动车流秩序度值分布与正态分布的拟合效果较好。

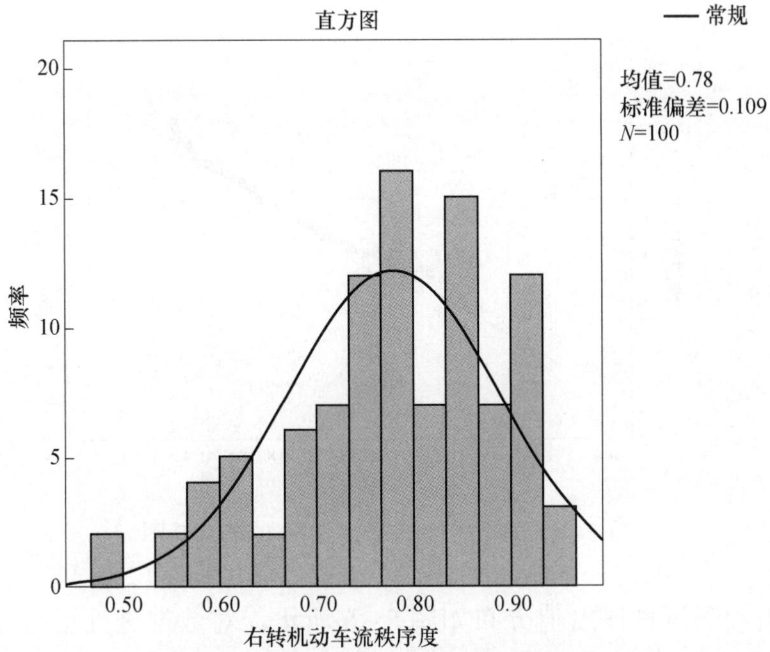

图 5-3　右转机动车流秩序度值分布

表 5-4　右转机动车流秩序度值正态性检验

Kolmogorov - Smirnova			Shapiro - Wilk		
统计量	自由度	显著性水平	统计量	自由度	显著性水平
0.073	100	0.200	0.968	100	0.015

对样本进行参数检验，由表 5-5 可知，该交通流秩序度值样本的峰度值为-0.480，偏度值为-0.343，绝对值均小于 1，右转机动车交通流秩序度值近似服从正态分布。如图 5-4 所示。

表 5-5　右转机动车流秩序度值参数检验

统计量	值
均值	0.706
偏度	-0.343
峰度	-0.480

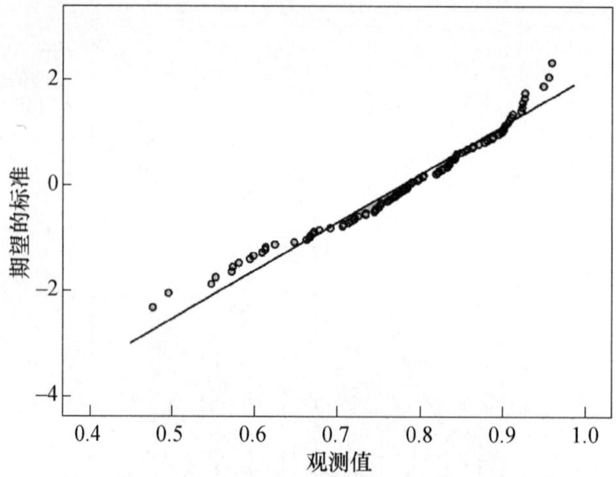

图 5－4　右转机动车流秩序度值 $Q-Q$ 图

左转机动车流秩序度值分布如图 5－5 所示，对数据进行正态分布验证，如表 5－6 所示。正态分布的拟合概率值为 0.100，大于显著性水平 0.05，因此，可以认为左转机动车流秩序度值分布与正态分布的拟合效果较好。

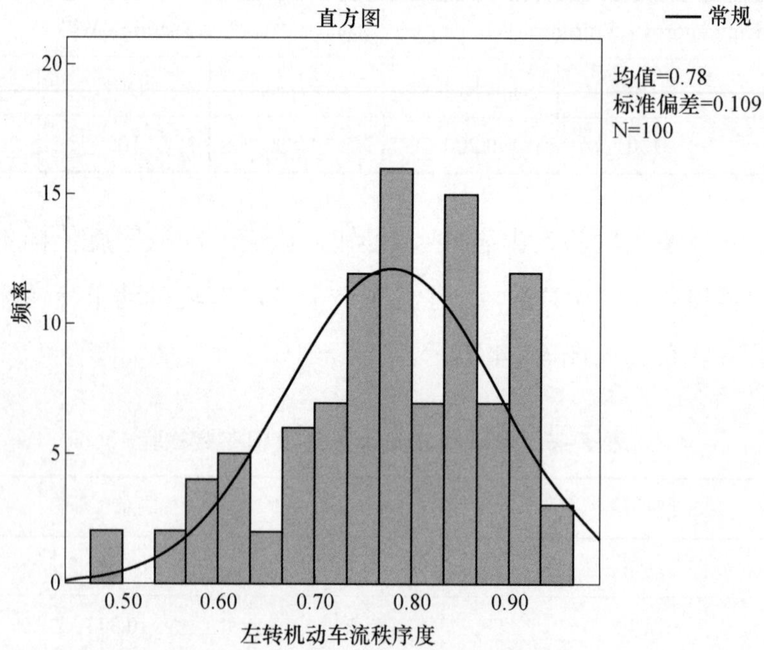

图 5－5　左转机动车流秩序度值分布

表 5-6　左转机动车流秩序度值正态性检验

Kolmogorov-Smirnova			Shapiro-Wilk		
统计量	自由度	显著性水平	统计量	自由度	显著性水平
0.081	100	0.100	0.963	100	0.006

对样本进行参数检验，由表 5-7 可知，左转机动车流秩序度值样本的峰度值为-0.101，偏度值为-0.615，绝对值均小于 1，左转机动车流秩序度值近似服从正态分布。如图 5-6 所示。

表 5-7　左转机动车流秩序度值参数检验

统计量	值
均值	0.779
偏度	-0.615
峰度	-0.101

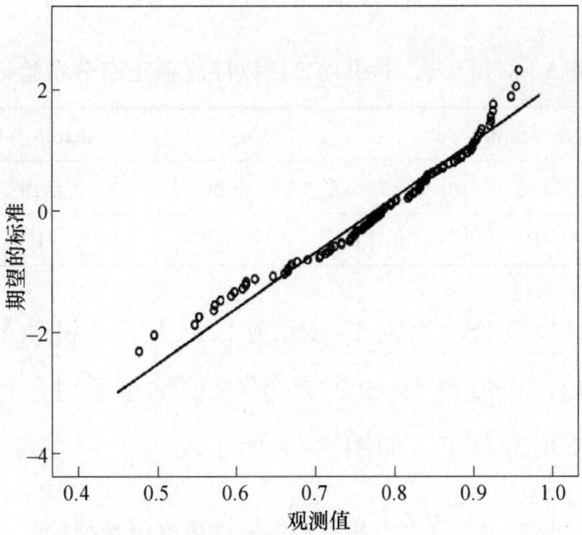

图 5-6　左转机动车流秩序度值 $Q-Q$ 图

行人、非机动车流秩序度值分布如图 5-7 所示，对数据进行正态分布验证，如表 5-8 所示。正态分布的拟合概率值为 0.131，大于显著性水平 0.05，因此，可以认为行人、非机动车流秩序度值分布与正态分布的拟合效果较好。

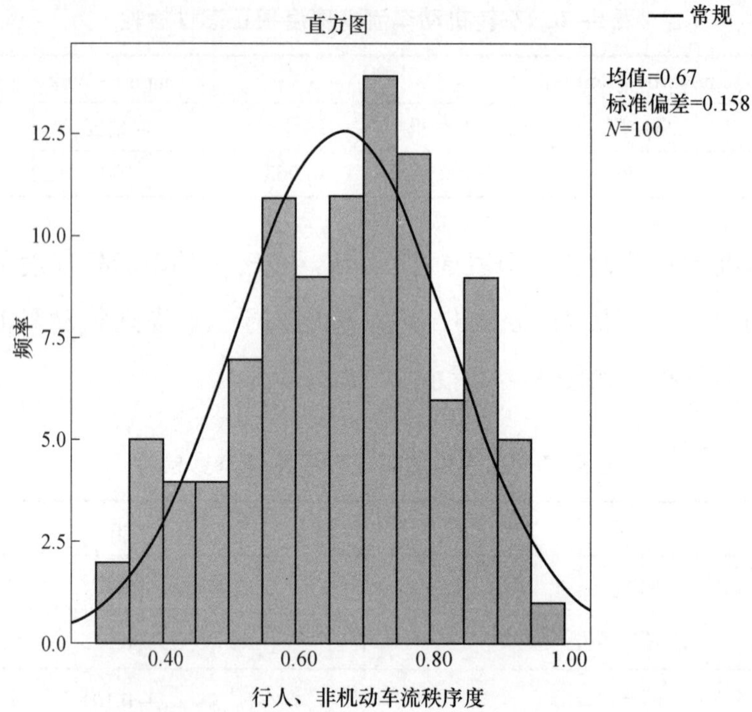

图 5-7　行人、非机动车流秩序度值分布

表 5-8　行人、非机动车流秩序度值正态分布验证

Kolmogorov-Smirnova			Shapiro-Wilk		
统计量	自由度	显著性水平	统计量	自由度	显著性水平
0.079	100	0.131	0.974	100	0.046

对样本进行参数检验，由表 5-9 可知，行人、非机动车流秩序度值样本的峰度值为-0.713，偏度值为-0.277，绝对值均小于 1，行人、非机动车流秩序度值近似服从正态分布。如图 5-8 所示。

表 5-9　行人、非机动车流秩序度值参数检验

统计量	值
均值	0.668
偏度	-0.277
峰度	-0.713

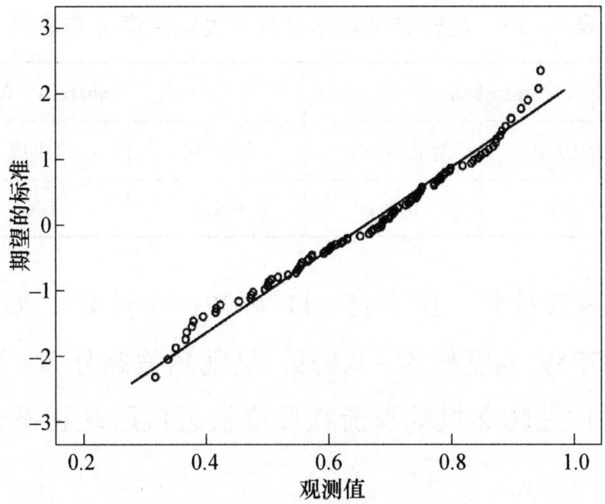

图 5-8　行人、非机动车流秩序度值 $Q-Q$ 图

左转非机动车流秩序度值分布如图 5-9 所示，对数据进行正态分布验证，如表 5-10 所示。正态分布的拟合概率值为 0.051，大于显著性水平 0.05，因此，可以认为左转非机动车流秩序度值分布与正态分布的拟合效果较好。

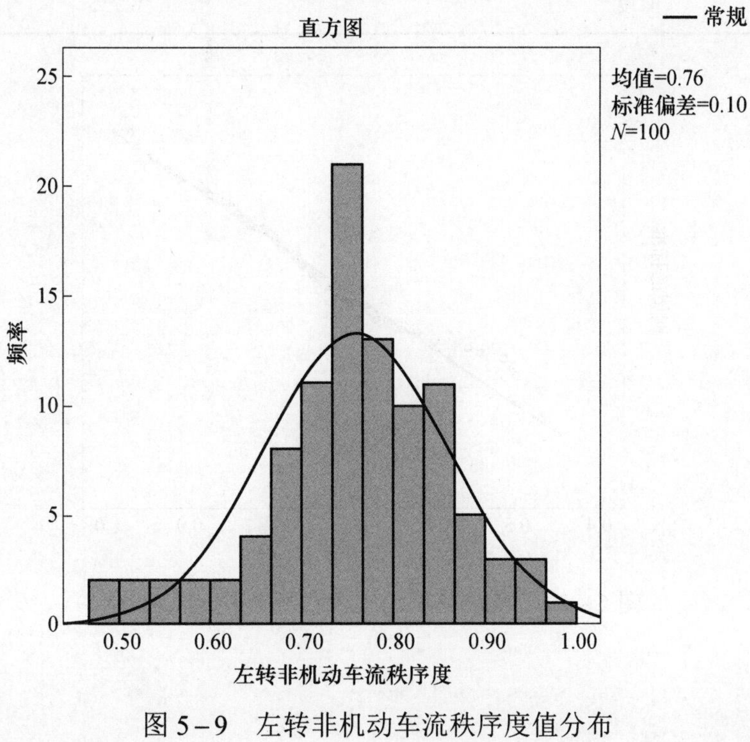

图 5-9　左转非机动车流秩序度值分布

表 5-10　左转非机动车流秩序度值正态分布验证

Kolmogorov-Smirnova			Shapiro-Wilk		
统计量	自由度	显著性水平	统计量	自由度	显著性水平
0.089	100	0.051	0.971	100	0.025

对样本进行参数检验，由表 5-11 可知，左转非机动车流秩序度值样本的峰度值为0.735，偏度值为-0.539，呈现负偏态分布，但由于峰度与偏度绝对值均小于1，左转非机动车流秩序度值近似服从正态分布。如图5-10所示。

表 5-11　左转非机动车流秩序度值参数检验

统计量	值
均值	0.759
偏度	-0.539
峰度	0.735

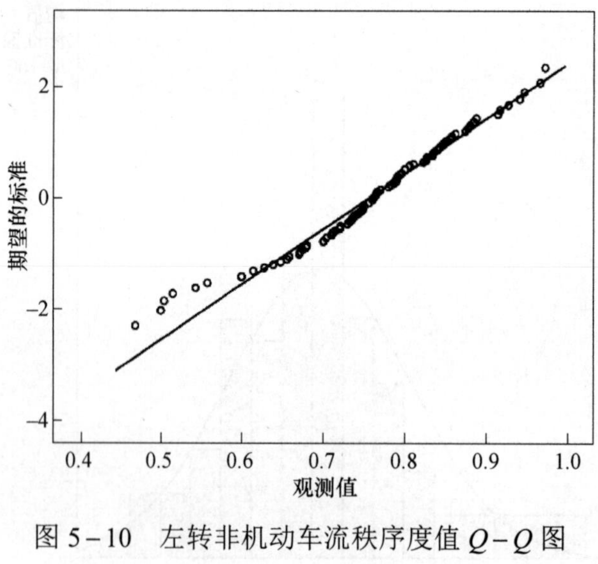

图 5-10　左转非机动车流秩序度值 $Q-Q$ 图

5.4　单个交通流秩序度等级划分

为了得到不同交通流秩序度的等级划分阈值，对北京市西大望路与广渠路交叉口各个交通流均获得 100 组数据。对不同交通流秩序度值进行 4 个聚类中心的 K 均值聚类分析，获得各交通流秩序度等级。

K 均值聚类法的步骤如下。

（1）从待聚类对象中随机抽取 K 个元素作为 K 个簇各自的中心。

（2）分别计算剩下的元素与 K 个簇中心的相异度，该相异度可遵循距离最小原则，将其他元素划分到相异度最低的簇。

（3）根据第一轮聚类结果，重新计算 K 个簇各自的中心，方法是取簇中所有元素各自维度的算术平均。

（4）将所有对象按照新的簇中心重新聚类。

（5）重复步骤（3）和（4），直至聚类结果不再发生改变。

（6）输出聚类结果。

直行机动车流秩序度等级的划分

运用 K 均值聚类分析的方法对直行机动车流秩序度进行处理和分析，得到直行机动车流秩序度的最终聚类中心，结果如表 5－12 所示。

表 5－12　直行机动车流秩序度最终聚类中心

聚类中心			
1	2	3	4
0.50	0.64	0.76	0.89

根据上述聚类中心分析，以两个聚类中心的均值作为分级阈值，将直行机动车流秩序度分为 4 个等级，具体如表 5－13 所示。

表 5-13　直行机动车流秩序度等级划分

秩序度			
差	一般	较好	好
<0.57	0.57～<0.70	0.70～<0.83	≥0.83

1）*右转机动车流秩序度等级的划分*

运用 *K* 聚类分析的方法对右转机动车流秩序度进行处理和分析，得到右转机动车流秩序度的最终聚类中心，结果如表 5-14 所示。

表 5-14　右转机动车流秩序度最终聚类中心

聚类中心			
1	2	3	4
0.39	0.56	0.72	0.89

根据上述聚类中心分析可知，右转机动车流秩序度可以分为 4 个等级，具体如表 5-15 所示。

表 5-15　右转机动车流秩序度等级划分

秩序度			
差	一般	较好	好
<0.48	0.48～≤0.64	0.64～≤0.81	>0.81

2）*左转机动车流秩序度等级的划分*

运用 *K* 聚类分析的方法对左转机动车流秩序度进行处理和分析，得到左转机动车流秩序度的最终聚类中心，结果如表 5-16 所示。

表 5－16　左转机动车流秩序度最终聚类中心

聚类中心			
1	2	3	4
0.57	0.70	0.79	0.89

根据上述聚类中心分析可知，左转机动车流秩序度可以分为 4 个等级，具体如表 5－17 所示。

表 5－17　左转机动车流秩序度等级划分

秩序度			
差	一般	较好	好
<0.64	0.64～≤0.75	0.75～≤0.84	>0.84

3）直行行人、非机动车流秩序度等级的划分

运用 K 聚类分析的方法对直行行人、非机动车流秩序度进行处理和分析，得到直行行人、非机动车流秩序度的最终聚类中心，结果如表 5－18 所示。

表 5－18　直行行人、非机动车流秩序度最终聚类中心

聚类中心			
1	2	3	4
0.39	0.56	0.73	0.88

根据上述聚类中心分析可知，直行行人、非机动车流秩序度可以分为 4 个等级，具体如表 5－19 所示。

表 5－19　直行行人、非机动车流秩序度等级划分

秩序度			
差	一般	较好	好
<0.48	0.48～≤0.65	0.65～≤0.81	>0.81

4）左转非机动车流秩序度等级的划分

运用 K 聚类分析的方法对左转非机动车流秩序度进行处理和分析，得到左转非机动车流秩序度的最终聚类中心，结果如表 5－20 所示。

表 5－20　左转非机动车流秩序度最终聚类中心

聚类中心			
1	2	3	4
0.51	0.68	0.77	0.88

根据上述聚类中心分析可知，左转非机动车流秩序度可以分为 4 个等级，具体如表 5－21 所示。

表 5－21　左转非机动车流秩序度等级划分

秩序度			
差	一般	较好	好
＜0.60	0.60～≤0.73	0.73～≤0.83	＞0.83

5.5　基于灰色预测的信号交叉口单一交通流秩序度预测模型

5.5.1　模型构建

对信号交叉口进行实时的混合交通流秩序度预测是信号交叉口进行交通渠化、交通流疏导和制订信号控制方案的依据，本节针对信号交叉口混合交通流秩序度的周期性和随机性，提出了一种基于历史数据的加权修正灰色预测模型对信号交叉口混合交通流秩序度进行有效的预测。

1. 基础灰色预测模型构建

（1）设有变量 $x(0)=(x^{(0)}(1),x^{(0)}(2),\cdots,x^{(0)}(n))$ 为预测对象的非负单调原始数据列，对原始数据 $x^{(0)}$ 进行一次累加，生成一次累加序列 $x^{(1)}=(x^{(1)}(1),x^{(1)}(2),\cdots,x^{(1)}(n))$。

$$x^{(1)}(k)=\sum_{k=1}^{n}x^{(0)}(k), k=1,2,\cdots,n$$

对一次累加序列构建灰微分方程，则有

$$\frac{\mathrm{d}x^{(1)}}{\mathrm{d}t}+ax^{(1)}=b$$

式中：a——发展灰数；

b——灰色作用量。

（2）构造数据矩阵 $\boldsymbol{B}$ 及数据向量 $\boldsymbol{Y}$，其中

$$\boldsymbol{B}=\begin{bmatrix}-z^{(1)}(2) & 1\\ -z^{(1)}(3) & 1\\ \vdots & \\ -z^{(1)}(n) & 1\end{bmatrix}=\begin{bmatrix}-\frac{1}{2}(x^{(1)}(1)+x^{(1)}(2)) & 1\\ -\frac{1}{2}(x^{(1)}(2)+x^{(1)}(3)) & 1\\ \vdots & \\ -\frac{1}{2}(x^{(1)}(n-1)+x^{(1)}(n)) & 1\end{bmatrix}$$

$$\boldsymbol{Y}=(x^{(0)}(2),\cdots x^{(0)}(n))^{\mathrm{T}}$$

（3）求解待定参数 a 和 b，记参数序列为 $\hat{a}$，则其满足公式

$$\hat{a}=[a,b]^{\mathrm{T}}=(\boldsymbol{B}^{\mathrm{T}}\boldsymbol{B})^{-1}\boldsymbol{B}^{\mathrm{T}}\boldsymbol{Y}$$

（4）将所得参数代入到灰微分方程式，假定初始条件为 $\hat{x}_{k+1}^{(1)}=\hat{x}_{k+1}^{(0)}$，则可建立 GM（1，1）模型

$$\hat{x}_{k+1}^{(1)}=\left(x^{(0)}(1)-\frac{b}{a}\right)\mathrm{e}^{-ak}+\frac{b}{a}$$

（5）进行还原处理得到原数据序列的预测值，还原预测方程为

$$\hat{x}^{(0)}(k+1)=\hat{x}^{(1)}(k+1)-\hat{x}^{(1)}(k)$$

2. 加权修正

由于信号交叉口秩序度具有很强的以周为周期的特征，即信号交叉口在本周的同一天的某一时段的各个周期秩序度与上周同期时间具有一定的一致性，因此，可以根据历史同期数据对信号交叉口预测值进行修正。借鉴加权移动平均法理论，提出了基于前 3 周历史同期数据的加权灰色预测模型，具体表示为

$$\hat{x}^{(0)}(k+1)=\frac{\sum_{m=1}^{3}\alpha_m x_{i-7m}^{(0)}(k+1)+\hat{x}_i^{(0)}(k+1)}{2}$$

式中： $\hat{x}_i^{(0)}(k+1)$ ——第 i 日该小时内第 $k+1$ 周期的预测值；

$x_{i-7m}^{(0)}(k+1)$ ——第 $i-7m$ 日该小时内第 $k+1$ 周期的观测值；

α_m ——第 $i-7m$ 日该小时内第 $k+1$ 时刻观测值的权重。

一般地，最近的历史数据对于预测值的影响相较于较早的同期历史数据更大，根据文献所述，按照历史数据的来源时间，从近到远分别对其权重赋值为：0.6、0.3、0.1。

5.5.2 精度检验

为了检验预测模型的预测效果，通常需要对模型的预测值进行检验。灰色预测模型的检验包括残差检验、关联度检验和后验差检验。

1. 残差检验

当回归模型正确时，残差可作为误差的观测值，残差值表达式为

$$\varepsilon_k=\frac{x^{(0)}(k)-\hat{x}^{(0)}(k)}{x^{(0)}(k)},k=1,2,\cdots,n$$

残差绝对值$|\varepsilon_k|<0.1$说明预测精度较高，预测效果良好。

2. 关联度检验

关联度指的是两个事物之间的关联程度，在数学上表示为两个函数之间的相似程度。关联分析即是对动态过程发展态势进行量化比较分析，其具体的计算流程如下。

（1）求累加序列的平均值为

$$\overline{y_k}=\frac{1}{n}\sum_{k=1}^{n}y_k$$

（2）计算累加序列的标准值为

$$y_k(l)=\frac{y_k}{\overline{y}}$$

（3）计算预测序列的平均值为

$$\overline{\hat{x}}^{(1)}=\frac{1}{n}\sum_{k=1}^{n}\hat{x}^{(1)}(k)$$

（4）计算预测序列的标准值为

$$\hat{x}_k^{(1)}(l)=\frac{\hat{x}^{(1)}(k)}{\overline{\hat{x}}^{(1)}}$$

（5）作累加序列标准值与预测序列标准值的差值为

$$\Delta_k(l)=\left|y_k(l)-\hat{x}_k^{(1)}(l)\right|$$

（6）作关联系数计算

$$\varepsilon_k(l)=\frac{\Delta_{(\min)}^{(1)}(l)+0.5\Delta_{(\max)}^{(1)}(l)}{\Delta_k(l)+0.5\Delta_{(\max)}^{(1)}(l)}$$

式中：　$\varepsilon_k(l)$——关联系数；

$\Delta_{(\min)}^{(1)}(l)$——绝对差值中的最小值；

$\Delta_{(\max)}^{(1)}(l)$——绝对差值中的最大值。

（7）求关联度

$$\mathrm{Re}=\frac{1}{n}\sum_{k=1}^{n}\varepsilon_k(l)$$

3. 后验差检验

计算方差比

$$C=\frac{S_2}{S_1}$$

式中：C——均方差比；

S_2——残差的方差；

S_1——原始数据序列的方差。

计算小误差概率

$$p=P\{|\varepsilon_k-\bar{\varepsilon}|<0.674\,5S_1\}$$

5.5.3 模型验证

为验证预测模型的可靠性，本书选取北京市西大望路与广渠路交叉口某日下午四点半至五点的连续 9 个周期的东－北右转交通流进行秩序度预测，预测结果如表 5－22 和图 5－11 所示。

表 5－22 预测结果

时间/s	实测值	修正灰色预测		传统灰色预测	
		预测值	残差值	预测值	残差值
1	0.62	0.62	0.00	0.62	0.00
2	0.61	0.58	0.05	0.55	0.10
3	0.53	0.53	0.00	0.53	0.00
4	0.47	0.47	0.00	0.51	－0.09

续表

时间/s	实测值	修正灰色预测		传统灰色预测	
		预测值	残差值	预测值	残差值
5	0.47	0.48	−0.02	0.49	−0.04
6	0.46	0.48	−0.04	0.47	−0.02
7	0.40	0.42	−0.05	0.46	−0.15
8	0.43	0.44	−0.02	0.44	−0.02
9	0.45	0.45	0.00	0.42	0.07
10	0.46	0.44	0.04	0.41	0.11

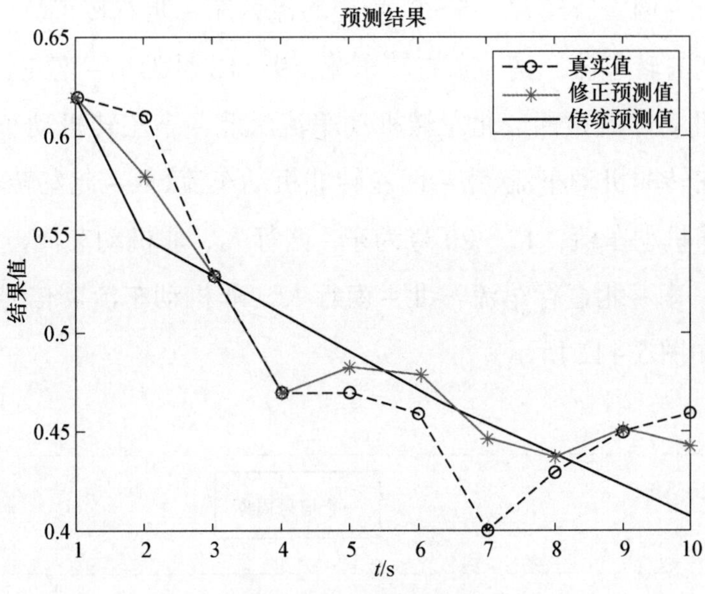

图 5－11　预测结果

对预测进行检验，修正后的预测模型预测效果相对较好。如表 5－23 所示。

表 5－23　模型检验

指标	相对残差	关联度	方差比	小误差概率
修正灰色预测	0.029 6	0.989	0.280 5	1
传统灰色预测	0.059 4	0.894	0.507 4	0.700 0

5.6 信号交叉口总体秩序度评价模型

5.6.1 信号交叉口总体秩序度评价框架

信号交叉口的混合交通流分为 5 类，每类交通流又分为 4 个方向，共 20 个交通流，1～4 号交通流分别为：东 – 西直行车流、西 – 东直行车流、南 – 北直行车流、北 – 南直行车流；5～8 号交通流为东 – 北右转车流、北 – 西右转车流、西 – 南右转车流、南 – 东右转车流；9～12 号为东 – 南左转机动车流、南 – 西左转机动车流、西 – 北左转机动车流、北 – 东左转机动车流；13～16 号为东 – 南左转非机动车流、南 – 西左转非机动车流、西 – 北左转非机动车流、北 – 东左转非机动车流；17～20 号为东 – 西行人、非机动车流，西 – 东行人、非机动车流，南 – 北直行车流，北 – 南行人、非机动车流。信号交叉口秩序度计算流程如图 5 – 12 所示。

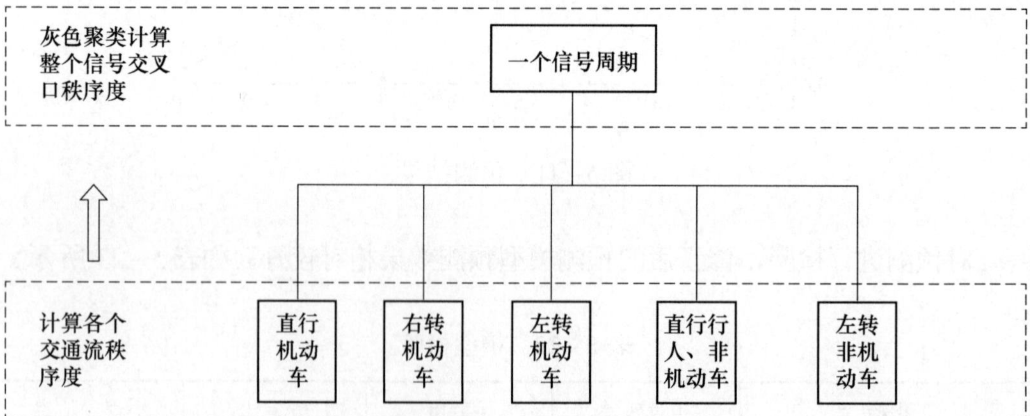

图 5 – 12　信号交叉口秩序度计算流程

5.6.2　基于灰色聚类理论信号交叉口秩序度评价模型建立

1. 建立评价矩阵

由于单个交通流的秩序度值全部在0～1的范围之内，且均为无量纲数值，因此，不需要进行数据标准化处理，基于各个交通流的秩序度值建立评价矩阵为

$$\boldsymbol{X}=\begin{pmatrix} x_{11}, & \cdots & x_{1j} & \cdots & x_{1n} \\ \vdots & & \vdots & & \vdots \\ x_{i1}, & \cdots & x_{ij} & \cdots & x_{in} \\ \vdots & & \vdots & & \vdots \\ x_{m1}, & \cdots & x_{mj} & \cdots & x_{mn} \end{pmatrix}$$

其中，x_{ij} 表示第 i 个评价对象中第 j 个属性的值，i 为评价周期数，j 为交通流编号。

2. 聚类求解白化权函数转折点

将样本 K 均值聚类的结果作为各类交通流的白化权函数的转折点——H_{*1}，H_{*2}，H_{*3}，H_{*4}，如表 5－24 所示。

表 5－24　各类交通流的白化权函数转折点

	直行机动车流	右转机动车流	左转机动车流	左转非机动车流	直行行人、非机动车流
H_{*1}	0.50	0.39	0.57	0.51	0.39
H_{*2}	0.64	0.56	0.70	0.68	0.56
H_{*3}	0.76	0.72	0.79	0.77	0.73
H_{*4}	0.89	0.89	0.89	0.88	0.88

3. 计算白化权函数

白化权函数是对灰类数内各元素取值的可能性大小的函数形式表达，评估了评价对象定量属于灰类的程度，是对已掌握信息的客观反映。信号交叉口混合交通流的秩序度分为 4 个层次，即好、良好、一般、差。本节对每一个交通流的秩序度指标定义了 4 条白化权函数的曲线。本书中白化权函数的转折点由聚类结果决定，如果一个白化权系数越小，就意味着属于当前类的可能性越小。设 $H_{j1},H_{j2},H_{j4},H_{j4}$ 是 4 条属性 j 白化权函数的曲线的 4 个转折点，取下限测度白化权函数 $f_j^1\left[-,-,H_{j1},H_{j2}\right]$ 和上限测度白化权函数 $f_j^4\left[H_{j3},H_{j4}-,-\right]$ 作为灰类 1 和灰类 4 的白化权函数，依据中心点或端点的三角白化权函数可取为灰类 2、3 的白化权函数。

$$f_j^1(x_{ij}{}^*)=\begin{cases}1 & x<H_{j1}\\ \dfrac{H_{j1}-x}{H_{j2}-H_{j1}} & H_{j1}\leqslant x\leqslant H_{j2}\\ 0 & x>H_{j2}\end{cases}$$

$$f_j^2(x_{ij}{}^*)=\begin{cases}0 & x<H_{j1}\\ \dfrac{x-H_{j1}}{H_{j2}-H_{j1}} & H_{j1}\leqslant x\leqslant H_{j2}\\ \dfrac{H_{j3}-x}{H_{j3}-H_{j2}} & H_{j2}<x\leqslant H_{j3}\\ 0 & x>H_{j3}\end{cases}$$

$$f_j^3(x_{ij}{}^*)=\begin{cases}0 & x<H_{j2}\\ \dfrac{x-H_{j2}}{H_{j3}-H_{j2}} & H_{j2}<x\leqslant H_{j3}\\ \dfrac{H_{j4}-x}{H_{j4}-H_{j3}} & H_{j3}<x\leqslant H_{j4}\\ 0 & x>H_{j4}\end{cases}$$

$$f_j^4(x_{ij}*)=\begin{cases}0 & x<H_{j3}\\ \dfrac{x-H_{j3}}{H_{j4}-H_{j3}} & H_{j3}<x\leqslant H_{j4}\\ 1 & x>H_{j4}\end{cases}$$

4 个不同安全等级的白化权函数的曲线图如图 5-13 所示。

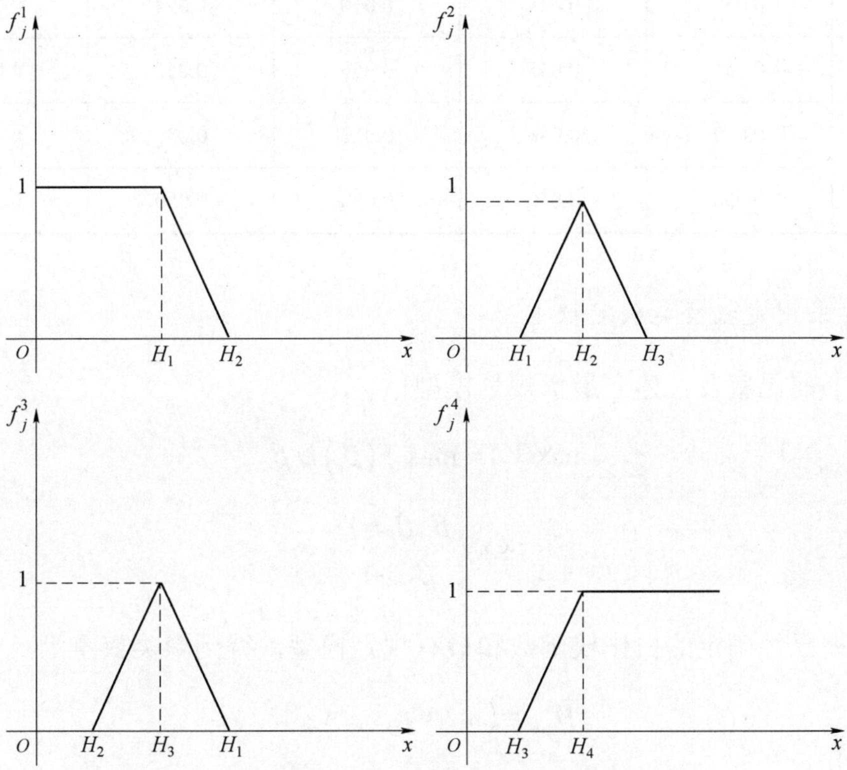

图 5-13 白化权函数曲线

4. 计算聚类权重

1）采用变权聚类计算权重

设 w_{jk} 为聚类权重，k 为灰类，$k\in\{1, 2, \cdots, s\}$，s 为灰类数。则聚类权重 w_{jk} 可由下式计算。其中，不同方向的同类型交通流权重相同。表 5-25 所示为灰色变权聚类权重。

$$w_{jk} = \frac{H_{jk}}{\sum_{j=1}^{n} H_{jk}}$$

表 5－25　灰色变权聚类权重

	直行机动车流	右转机动车流	左转机动车流	左转非机动车流	直行行人、非机动车流
w_{*1}	0.053	0.041	0.060	0.054	0.041
w_{*2}	0.051	0.045	0.056	0.054	0.045
w_{*3}	0.050	0.048	0.052	0.051	0.048
w_{*4}	0.050	0.050	0.050	0.050	0.050

2）采用定权聚类确定权重

本书前已叙及，建立最优规划模型

$$\max(V_i) = \max f(\beta_i) D_i \beta_i$$

$$\text{s.t.} \begin{cases} \boldsymbol{\beta}_i^{\mathrm{T}} \boldsymbol{\beta}_i = 1 \\ \beta_i \geqslant 0 \end{cases}$$

根据已经确定的白化权函数和最有规划模型，得到聚类权重为

$$\boldsymbol{W}_{jk} = (w_{1k}, w_{2k}, \cdots, w_{mk})$$

5. 计算灰色聚类值

聚类对象 i 属于灰类 k 的聚类值可由下式计算得出

$$\gamma_{ik} = \sum_{j=1}^{n} f_{jk}(d_{ij}) w_{jk}$$

γ_{ik} 表征了聚类对象 i 对灰类 k 的隶属程度，对象 i 的灰色聚类评价序列为 $\gamma_i = (\gamma_{i1}, \gamma_{i2}, \ldots, \gamma_{ik}, \ldots, \gamma_{is})$，当 $\gamma_{ik} = \max\{\gamma_{i1}, \gamma_{i2}, \ldots, \gamma_{ik}, \ldots, \gamma_{is}\}$ 时，聚类对象对于第 k 个灰类的隶属程度最高。

6. 计算信号交叉口混合交通流秩序度值

对每一灰类下的秩序度进行赋值，如表 5－26 所示。

表 5－26　各个灰类下的秩序度值

灰类	赋值
差	0.25
一般	0.5
较好	0.75
好	1

信号交叉口混合交通流秩序度值可以由下式计算得出

$$K=\sum_{k=1}^{4}\gamma_{ik}s_k$$

s_k ——对应灰类的赋值；

K ——信号交叉口混合交通流秩序度值。

5.7　基于灰色聚类理论的信号交叉口总秩序度评价模型实例计算

分别提取观测交叉口 12:00—13:00 平峰期间的 4 个周期，17:15—17:45 晚高峰期间的 4 个周期进行秩序度的计算，以第一个平峰周期为例说明计算过程。

（1）根据公式得出 20 个交通流的秩序度，如表 5－27 所示。

表 5－27　各个交通流的单个交通流秩序度

交通流编号	1	2	3	4	5	6	7	8	9	10
秩序度	0.85	0.87	0.88	0.98	0.72	0.74	0.75	0.76	0.73	0.76

续表

交通流编号	11	12	13	14	15	16	17	18	19	20
秩序度	0.78	0.75	0.76	0.73	0.76	0.75	0.55	0.58	0.52	0.57

（2）由步骤（1）得到评价矩阵

$$X=\left(x_1,x_2,x_3,x_4,\cdots,x_{20}\right)=\left(0.85,0.87,0.88,0.98,\cdots,0.57\right)$$

（3）根据相关公式计算得到各个交通流的白化权函数值，如表 5－28～表 5－32 所示。

表 5－28　直行机动车流秩序度的白化权函数值

直行机动车流	东－西	北－南	西－东	南－北
$f_j^1(x_{ij})$	0	0	0	0
$f_j^2(x_{ij})$	0	0	0	0
$f_j^3(x_{ij})$	0.31	0.15	0.08	0
$f_j^4(x_{ij})$	0.69	0.85	0.92	1

表 5－29　右转机动车流秩序度的白化权函数值

右转机动车流	东－北	北－西	西－南	南－东
$f_j^1(x_{ij})$	0	0	0	0
$f_j^2(x_{ij})$	0	0	0	0
$f_j^3(x_{ij})$	1	0.88	0.82	0.74
$f_j^4(x_{ij})$	0	0.12	0.18	0.26

表 5－30　左转机动车流秩序度的白化权函数值

左转机动车流	南－西	东－南	北－东	西－北
$f_j^1(x_{ij})$	0	0	0	0
$f_j^2(x_{ij})$	0.67	0.33	0.03	0.37

续表

左转机动车流	南－西	东－南	北－东	西－北
$f_j^3(x_{ij})$	0.33	0.67	0.97	0.63
$f_j^4(x_{ij})$	0	0	0	0

表 5－31　左转非机动车流秩序度的白化权函数值

左转非机动车流	南－西	东－南	北－东	西－北
$f_j^1(x_{ij})$	0	0	0	0
$f_j^2(x_{ij})$	0.11	0.44	0.11	0.28
$f_j^3(x_{ij})$	0.89	0.56	0.89	0.72
$f_j^4(x_{ij})$	0	0	0	0

表 5－32　行人、非机动车流秩序度的白化权函数值

行人、非机动车流	东－西	北－南	西－东	南－北
$f_j^1(x_{ij})$	0.06	0	0.24	0
$f_j^2(x_{ij})$	0.94	0.88	0.76	0.96
$f_j^3(x_{ij})$	0	0.12	0	0.04
$f_j^4(x_{ij})$	0	0	0	0

（4）计算聚类权重和聚类值。

若采用变权聚类计算权重，根据公式计算聚类值，得到秩序度评价序列

$$\gamma_i = (0.012, 0.287, 0.491, 0.201)$$

0.491 为序列中最大值，对应灰类中的“较好”。根据相关公式，可得信号交叉口混合交通流整体秩序度对于灰类“较好”的隶属程度最大。根据相关公式可知该周期信号交叉口秩序度值为 0.726。

若采用定权聚类确定权重，根据 4.2.3 节叙述，建立最优规划模型，根据

已经确定的白化权函数和最优规划模型，得到聚类权重为

$$W_{jk}=(w_{1k},w_{2k},\cdots,w_{mk})$$

$$=(0.045,0.057,0.044,0.053,0.054,0.051,0.052,0.044,0.040,0.052,0.054,0.050,0.055,0.053,0.048,0.057,0.047,0.043,0.046,0.055)$$

根据公式计算聚类值，得到秩序度评价序列：

$$\gamma_i=(0.014,0.290,0.486,0.207)$$

其中 0.486 为序列中最大值，对应灰类中的“较好”。根据相关公式，可得信号交叉口混合交通流整体秩序度对于灰类“较好”的隶属程度最大。根据相关公式可知该周期信号交叉口秩序度值为 0.722。

所有观测周期信号交叉口混合交通流秩序度计算结果如表 5－33 所示。用图 5－14 表示。可以看出，高峰周期下的秩序度值整体上要低于平峰周期的秩序度值，采用灰色变权聚类和灰色定权聚类所得到的聚类值具有较好的一致性。

表 5－33　所有观测周期信号交叉口混合交通流秩序度计算结果

周期类型	秩序度（变权聚类）	秩序度（定权聚类）
平峰周期 1	0.726	0.722
平峰周期 2	0.679	0.644
平峰周期 3	0.758	0.738
平峰周期 4	0.761	0.760
高峰周期 1	0.464	0.442
高峰周期 2	0.356	0.369
高峰周期 3	0.361	0.364
高峰周期 4	0.410	0.415

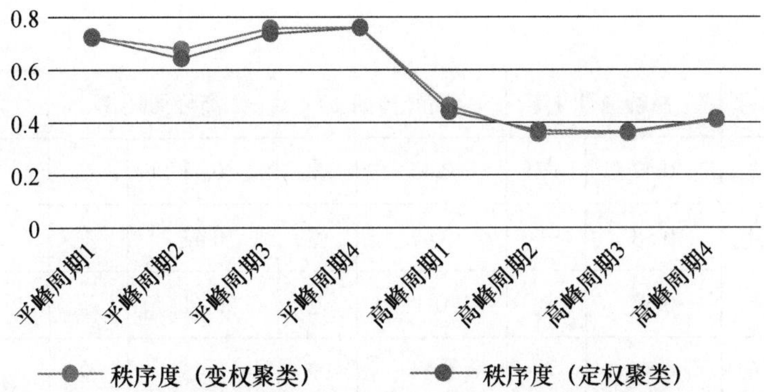

图 5-14　所有观测周期信号交叉口混合交通流秩序度计算结果

8 个周期下的单个交通流秩序度如表 5-34 与表 5-35 所示。计算结果如图 5-15 所示，单个交通流秩序度也随周期产生了明显的区别，平峰周期的单个交通流秩序度分布明显高于高峰周期的秩序度，这与高峰与平峰时间的交通特征一致。

表 5-34　所有高峰周期下各个交通流的秩序度

交通流种类	编号	高峰周期 1		高峰周期 2		高峰周期 3		高峰周期 4	
直行	1	0.45	差	0.58	一般	0.6	一般	0.78	较好
	2	0.66	一般	0.55	差	0.74	较好	0.65	一般
	3	0.43	差	0.7	一般	0.69	一般	0.67	一般
	4	0.41	差	0.5	差	0.74	较好	0.8	较好
右转	5	0.44	差	0.55	一般	0.55	一般	0.78	较好
	6	0.44	差	0.67	较好	0.52	一般	0.45	差
	7	0.52	一般	0.55	一般	0.55	一般	0.41	差
	8	0.5	一般	0.43	差	0.52	一般	0.41	差
左转	9	0.56	差	0.66	一般	0.5	差	0.5	差
	10	0.4	差	0.67	一般	0.57	差	0.56	差
	11	0.43	差	0.52	差	0.56	差	0.6	差
	12	0.67	一般	0.54	差	0.57	差	0.68	一般

续表

交通流种类	编号	高峰周期 1		高峰周期 2		高峰周期 3		高峰周期 4	
左转非	13	0.42	差	0.44	差	0.41	差	0.65	一般
	14	0.58	差	0.47	差	0.43	差	0.45	差
	15	0.57	差	0.4	差	0.41	差	0.43	差
	16	0.54	差	0.44	差	0.43	差	0.43	差
行人	17	0.55	一般	0.43	差	0.5	一般	0.55	一般
	18	0.7	较好	0.42	差	0.58	一般	0.7	较好
	19	0.44	差	0.57	一般	0.54	一般	0.57	一般
	20	0.42	差	0.41	差	0.58	一般	0.68	较好

表 5-35　所有平峰周期下各个交通流的秩序度

交通流种类	编号	平峰周期 1		平峰周期 2		平峰周期 3		平峰周期 4	
直行	1	0.85	好	0.778	较好	0.73	较好	0.73	较好
	2	0.87	好	0.8	较好	0.99	好	0.76	较好
	3	0.88	好	0.787	较好	0.67	一般	0.787	较好
	4	0.98	好	0.78	较好	0.62	一般	0.757	较好
右转	5	0.72	较好	0.85	好	0.88	好	0.85	好
	6	0.74	较好	0.87	好	0.78	较好	0.87	好
	7	0.75	较好	0.56	一般	0.67	较好	0.88	好
	8	0.76	较好	0.79	较好	0.42	差	0.984	好
左转	9	0.73	一般	0.9	好	0.76	较好	0.76	较好
	10	0.76	较好	0.8	较好	0.73	一般	0.73	一般
	11	0.78	较好	0.76	较好	0.76	较好	0.76	较好
	12	0.75	一般	0.95	好	0.87	好	0.745	一般

续表

交通流种类	编号	平峰周期 1		平峰周期 2		平峰周期 3		平峰周期 4	
左转非	13	0.76	较好	0.65	一般	0.72	一般	0.72	一般
	14	0.73	一般	0.74	较好	0.78	较好	0.74	较好
	15	0.76	较好	0.85	好	0.6	一般	0.75	较好
	16	0.75	较好	0.52	差	0.55	差	0.764	较好
行人	17	0.55	一般	0.55	一般	0.67	较好	0.55	一般
	18	0.58	一般	0.79	较好	0.6	一般	0.58	一般
	19	0.52	一般	0.63	一般	0.52	一般	0.52	一般
	20	0.57	一般	0.54	一般	0.54	一般	0.567	一般

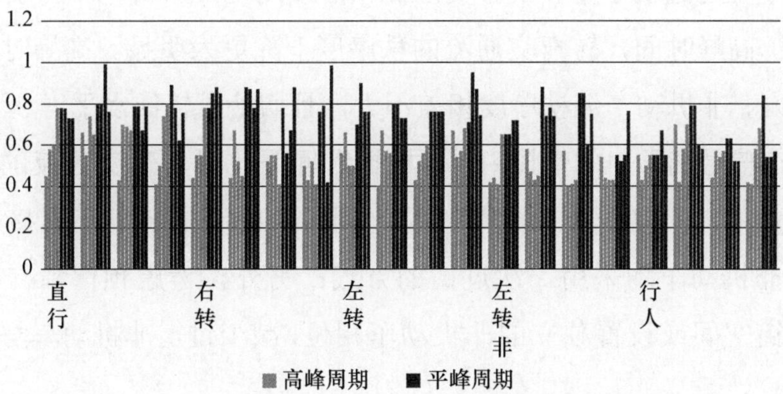

图 5-15　高峰周期和平峰周期下各个交通流的秩序度

对平峰周期和高峰周下各个交通流的秩序度取均值，求两类周期下的秩序度差值，结果如图 5-16 所示，可以得到以下结论。

（1）在平峰周期下，直行机动车流的秩序度整体较高，行人、非机动车流的秩序度值最低，这与行人、非机动车流内部的个体之间的相互干扰有关；右转机动车、左转机动车、左转非机动车的秩序度值分布类似。

（2）直行机动车流与行人、非机动车流平峰周期与高峰周期的秩序度差值较小，而转弯的三类交通流的这一差值则更大。

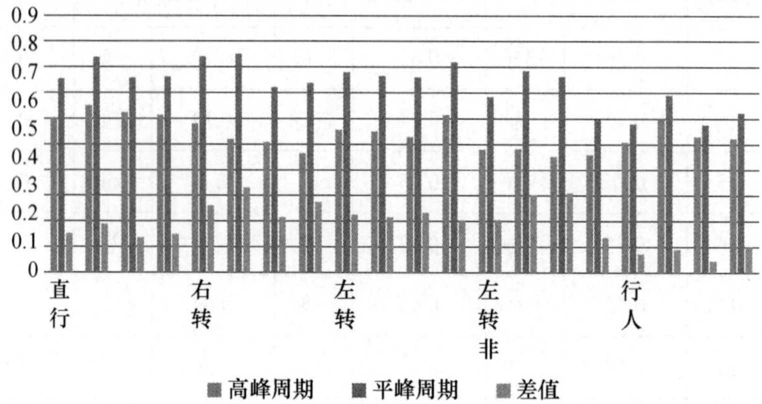

图 5－16　高峰周期和平峰周期下各个交通流秩序度的差值

由此可得以下结论：在地铁九龙山站旁交叉口，与平峰时间相比，高峰时间的单个交通流秩序度和混合交通流秩序度均明显下降，信号交叉口秩序较为混乱；高峰时间，转弯交通流的秩序度下降更为明显。高峰时间与平峰时间的行人、非机动车流秩序度相差不大，且均处于较低水平。

建议在信号交叉口的管控中，可根据时间强化对转弯交通流的管控，必要时可增加右转机动车专用信号相位，同时，限制非机动车直接左转，建议左转弯非机动车均采用二次过街的方式；另外，考虑预留独立的直行非机动车过街空间或设置独立的非机动车相位，减少过街非机动车与行人之间的干扰。

参考文献

［1］李国豪. 中国土木建筑百科辞典：交通运输工程. 北京：中国建筑工业出版社，2006.

［2］布罗肯伯勒，伯德克. 公路工程手册. 2 版. 张彦林，曹花娥，许有俊，等译. 北京：中国电力出版社，2007.

［3］赵永臣，李亚军. 道路交通工程与控制. 兰州：甘肃人民美术出版社，2015.

［4］成卫. 城市交通冲突技术理论与应用. 北京：科学出版社，2006.

［5］郭延永. 基于交通冲突理论的信号交叉口安全评价技术［D］. 南京：东南大学，2016.

［6］刘永娜. 基于非机动车优先的城市信号交叉口安全改善［D］. 西安：长安大学，2012.

［7］梁英慧. 基于事故树的平面交叉口机非冲突模糊神经网络预测模型的研究［D］. 北京：北京交通大学，2009.

［8］郑艳，陈希为，柴娟. 重庆市道路信号交叉口行人交通特性研究［J］. 公路与汽运，2010，26（1）：46－50.

［9］刘晓辰. 信号交叉口右转机动车与行人冲突分析及优化研究［D］. 吉林大学，2017.

［10］刘金广，刘小明，于泉，等. 城市信号交叉口行人自行车绿灯放行特性［J］. 交通运输系统工程与信息，2010，10（1）：164－169.

［11］杨树鹏. 夜间出行高峰期两相位交叉口左转冲突研究［D］. 成都：西南交通大学，2018.

［12］周键炜. 城市道路平面交叉口机动车转弯半径的取值研究［J］. 中华民

居（下旬刊），2014，7（8）：219－220.

［13］Laureshyn A，De C T，Karlsson C，et al. In search of the severity dimension of traffic events：Extended Delta－V as a traffic conflict indicator［J］. Accident Analysis and Prevention，2017（98）：46－56.

［14］丁立彤，范九伦，刘意先. 基于灰色聚类的系统群安全评估方法［J］. 计算机科学，2017，44（S2）：372－376.

［15］刘璞，王萌，马苓，等. 灰色马尔可夫预测模型和加权加增长率移动平均法预测精度的比较［J］. 统计与决策，2018，34（22）：11－15.

［16］赵洁珏. 面板数据的灰色聚类方法研究及应用［D］. 南京：南京航空航天大学，2012.

［17］刘思峰，党耀国，方志耕，等. 灰色系统理论及其应用. 5 版. 北京：科学出版社，2010.